RAPPORTS

FAITS

A L'ACADÉMIE PAR MM. LE CAPITAINE LIAGRE ET A. QUETELET,

SUR

LE MÉMOIRE DE M. MAHMOUD.

(Séance du 6 mai 1858.)

Rapport du capitaine Liagre.

« Les historiens arabes, n'ayant commencé à écrire que deux ou trois siècles après l'hégire, ont dû avoir recours à la tradition pour établir les événements et pour en assigner les dates : on conçoit, d'après cela, le vague qui doit régner sur la chronologie anté-islamique, et l'on s'explique le désaccord que l'on remarque à ce sujet entre les différents auteurs. Ce désaccord est tel, que malgré les travaux remarquables de plusieurs savants européens, on ignore encore aujourd'hui si les Arabes, avant comme après Mahomet, se sont toujours servis de l'année lunaire, et s'ils n'ont pas fait usage de l'année luni-solaire pendant les deux ou trois siècles qui ont précédé l'époque de l'islamisme.

Le mémoire que M. Mahmoud soumet aujourd'hui au jugement de la classe n'a pas été rédigé dans le but de critiquer l'une ou l'autre de ces deux opinions ; mais, forcé d'en adopter une pour compléter un travail qu'il a entrepris sur les calendriers orientaux, et dont la première partie a déjà été insérée dans les recueils de notre Académie, le savant égyptien a été naturellement conduit à examiner de près cette question : à cet effet, il a recherché dans divers ouvrages, notamment dans les manuscrits arabes, les traditions ou témoignages qui se rapportent à ce sujet, les a discutés et en a tiré des conséquences.

L'auteur a divisé son mémoire en deux parties : dans la première, il réunit et coordonne les traditions qui servent de base à ses calculs ; dans la seconde, il combine ces documents entre eux pour en déduire et le genre du calendrier anté-islamique, et l'âge auquel est mort le prophète.

Les événements remarquables sur lesquels M. Mahmoud a basé ses recherches, et dont il a précisé la date, sont au nombre de cinq; nous les citons en suivant l'ordre dans lequel il les a placés, savoir :

1° La mort d'Ibrahim, jeune fils de Mahomet, laquelle coïncida avec une éclipse de soleil;

2° Le jour de l'arrivée du prophète à Médine, ou l'hégire, dont la date correspond à une date connue du calendrier judaïque;

3° L'époque de la naissance de Mahomet, qui eut lieu un lundi du mois de *rabi I*, et fut précédée d'une conjonction entre Jupiter et Saturne;

4° Une éclipse de lune, citée dans un manuscrit arabe de la bibliothèque impériale de Paris;

5° Enfin, le solstice d'été de l'an 541, qui, d'après un passage de Procope, devait tomber dans un mois consacré par les Arabes aux pratiques de leur religion, et durant lequel ils ne pouvaient faire aucun usage de leurs armes.

Ces cinq époques, déterminées astronomiquement et indépendamment les unes des autres, l'auteur les combine deux à deux, et il obtient ainsi dix résultats ou laps de temps exclusivement conformes au système lunaire. Cet accord nous paraît de nature à renverser complétement l'opinion de ceux qui ont admis l'usage du calendrier luni-solaire chez les Arabes païens; et nous sommes forcé d'admettre avec M. Mahmoud que ce peuple s'est toujours servi d'un calendrier purement lunaire.

Dans un appendice à son mémoire, l'auteur a examiné la question au point de vue philologique et historique. Les noms des mois arabes ont, par leur signification, des rapports incontestables avec les saisons; ce qui semblerait indiquer qu'ils appartiennent à une année luni-solaire ou agronomique. Mais il est facile de répondre à cette objection.

En effet, les auteurs de la nomenclature peuvent fort bien avoir lié les noms des mois aux phénomènes solaires ou météorologiques qui les accompagnaient, à l'époque même où la nomenclature a été faite. Sans porter leur vue plus loin, ils n'ont pas songé qu'au bout d'un certain temps, les mois d'été tomberaient en hiver et réciproquement.

A cette raison, donnée par l'auteur, nous en ajouterons une autre : c'est que les considérations étymologiques, en fait de calendrier surtout, sont parfois de nature à induire gravement en erreur. Si, par exemple, nos descendants n'avaient, pour nous juger, que des considérations de cette espèce, ils invoqueraient les noms que nous donnons aux jours de la semaine, pour nous accuser de paganisme; et ils ne soupçonneraient jamais que nous appelons *septembre* le *neuvième* mois de notre année.

Il est moins facile d'expliquer comment il se fait que les meilleurs historiens arabes s'accordent à dire que, quelques siècles avant l'époque de l'islamisme, l'année arabe était luni-solaire. Nous ne pouvons présenter ici l'analyse des raisons alléguées par M. Mahmoud pour combattre cette opinion : contentons-nous de faire remarquer que les passages intéressants rapportés ou traduits par lui prouvent à l'évidence que les auteurs en question se sont copiés l'un l'autre; que là où ils ne se copient pas, ils admettent des modes d'intercalation différents; de sorte que toutes leurs autorités réunies se réduisent en définitive à celle d'Abou-Màchar, qui vivait dans le IIIme siècle de l'hégire. Or, les données de cet historien, fondées sur la tradition, n'ont qu'un degré de probabilité bien difficile à apprécier. Les relations intimes qui existaient entre les Juifs et les Arabes païens ont fort bien pu faire attribuer à ces derniers l'usage de l'année luni-solaire qui appartenait exclusivement aux premiers.

En résumé, l'opinion des historiens et des poëtes arabes n'est pas assez solidement établie pour détruire les résultats positifs auxquels est arrivé M. Mahmoud, en prenant pour guides les phénomènes célestes, et en se basant sur les calculs astronomiques. Le mémoire du savant égyptien, fruit d'une étude consciencieuse, jette une véritable lumière sur un point obscur de la chronologie arabe, et nous sommes d'avis qu'il figurerait avantageusement dans les recueils de l'Académie. »

Rapport de M. A. Quetelet.

« Le travail de M. Mahmoud mérite, sous plus d'un rapport, l'attention des physiciens et des astronomes. L'auteur est chargé, en Égypte, de la rédaction de tout ce qui se rapporte à la mesure du temps; il a fait une étude approfondie de cette branche des sciences relative à son pays et encore si peu connue en Europe. Nous devons, en conséquence, lui savoir gré pour les lumières qu'il s'efforce de répandre sur la composition primitive du calendrier, l'une des parties les plus importantes de l'astronomie pratique, et qui peut-être est non moins utile pour l'historien que pour l'astronome.

Quelques parties auraient pu être coordonnées d'une manière plus simple en apparence, si l'on ne considère que ce travail isolé; mais, comme le fait observer l'auteur, dans une lettre particulière, ce dernier écrit se rattache à un grand travail dont l'Académie a déjà publié un fragment et dont la suite ne tardera pas à paraître; or des changéments dans le mémoire que nous examinons obligeraient à changer le plan général, arrêté et exécuté en grande partie.

Je me bornerai donc, comme mon collègue, à demander la publication du nouveau mémoire. »

Conformément aux conclusions de ces deux rapports, l'Académie ordonne l'impression du mémoire de M. Mahmoud.

MÉMOIRE

SUR LE

CALENDRIER ARABE AVANT L'ISLAMISME,

ET SUR

LA NAISSANCE ET L'AGE DU PROPHÈTE MOHAMMAD;

PAR

MAHMOUD EFFENDI,

ASTRONOME ÉGYPTIEN.

——

(Présenté à la séance de l'Académie, le 3 avril 1858.)

MÉMOIRE

SUR

LE CALENDRIER ARABE AVANT L'ISLAMISME,

ET SUR

LA NAISSANCE ET L'AGE DU PROPHÈTE MOHAMMAD.

INTRODUCTION.

Le destin semble avoir pris plaisir à condamner à l'oubli ou à laisser dans une obscurité plus ou moins profonde l'histoire antique, même celle des peuples qui se sont élevés au plus haut degré de civilisation. Ce sont les monuments laissés par eux et qui ont été témoins de leur grandeur que la postérité doit interroger pour connaître les destinées de ses ancêtres. Mais, si ces monuments se trouvent mutilés par le temps ou s'ils font entièrement défaut, c'est aux traditions, transmises de bouche en bouche, que les premiers écrivains de la postérité doivent avoir recours pour les recueillir, les discuter et en former enfin un corps d'histoire. Une telle histoire se trouve indubitablement enveloppée d'épaisses ténèbres.

C'est dans ce dernier cas que se sont trouvés les premiers écrivains arabes. N'ayant sous les yeux aucun monument, il leur a fallu courir de ville en ville pour recueillir de la bouche des peuples les traditions anciennes échappées à l'oubli et qui étaient généralement recueillies par les poëtes de l'antiquité, pour en faire le sujet de quelque épisode ou poëme.

Les écrivains arabes n'ayant commencé leurs récits historiques que deux ou trois siècles après l'hégire, on comprend facilement combien il leur a été difficile de connaître d'une manière certaine la chronologie des Arabes avant l'islamisme. Le calendrier anti-islamique a toujours été un sujet de grandes discussions entre les auteurs.

Les historiens s'accordent à penser que les Arabes païens se sont servis de l'année luni-solaire, pendant un laps de temps plus ou moins long avant l'hégire. Les commentateurs du Coran des hadiths, et les lexicographes semblent croire que les Arabes ne se sont jamais servis que des années lunaires vagues. Les sentiments des savants européens sont également différents sur ce point : Pococke, Gagnier, Golius, Prideau, etc., et M. Caussin de Perceval embrassent la première opinion. Silvestre de Sacy se range du côté contraire; il dit formellement, mais sans pouvoir le démontrer, que les Arabes, surtout ceux de la Mekke, n'ont jamais fait usage que d'un calendrier purement lunaire. Idler semble pencher vers cette opinion. Les idées de ces illustres maîtres se trouvent savamment discutées par MM. Silvestre de Sacy [1] et Caussin de Perceval [2].

Dans le mémoire que je présente aujourd'hui, je n'ai nullement la prétention de critiquer l'une ou l'autre opinion. La nécessité d'en adopter une, pour compléter un travail que j'ai entrepris, m'a obligé à chercher dans les divers manuscrits arabes et dans d'autres ouvrages étrangers, quelques-unes des traditions ou témoignages qui ont rapport à ce sujet. La pensée que ce travail pourrait jeter de nouvelles lumières sur ce point important de la chronologie arabe, m'a engagé à donner ces matériaux avec la conclusion que j'en ai dû tirer. Je touche donc à la question; je la traite d'une manière neuve, tout en respectant les opinions.

J'ai commencé par considérer comme non avenus tous les témoignages ou opinions qui établissent formellement l'existence soit d'un calendrier purement lunaire, soit d'un système luni-solaire, quel que soit le mode d'interca-

[1] *Mémoires de l'Académie des inscriptions et belles-lettres*, t. XLVIII, pp. 606 et suiv.
[2] *Journal asiatique*, cahier d'avril 1843.

lation. Tout ce qui a rapport au mot *naci* [1] n'entre pas non plus dans mes matériaux fondamentaux.

J'ai fixé ensuite, d'après mes documents, la date julienne de la mort d'Ibrahim, fils du prophète, celle du jour de l'entrée de l'apôtre à Médine (l'hégire), et enfin celle de la naissance du prophète. Les mois arabes correspondant à ces événements [2] étant également connus, j'en ai conclu sans peine le genre de calendrier qui était en usage chez les Arabes, du moins chez ceux de la Mekke, plus de soixante ans avant le pèlerinage d'adieu.

Je divise donc ce travail en deux parties. Je réunis dans la première les traditions ou documents qui servent de base à mes calculs; dans la seconde, je combine ces documents entre eux pour déterminer, et le genre de calendrier anté-islamique et l'âge du législateur, qui font l'objet du présent mémoire.

Deux autres époques se trouvent astronomiquement déterminées dans la seconde partie, de sorte que l'on a cinq époques qui peuvent concourir à notre conclusion.

J'ai fait suivre ce mémoire d'un appendice dans lequel j'ai discuté la question sous un autre point de vue, en examinant ce qu'ont donné sur ce sujet les écrivains les plus anciens.

---

[1] *Naci* veut dire *retard*. Suivant les lexicographes et les commentateurs du Coran, c'est retarder l'observance d'un mois sacré à un autre; c'est la remise de l'observance d'un mois sacré que l'on rejette sur un autre. Les historiens prétendent que le *naci* est tout à la fois l'intercalation d'un treizième mois que les Arabes faisaient pour rendre solaires leurs années, et le mois intercalé lui-même.

[2] J'ai déterminé, dans la deuxième partie, deux autres époques, celle d'une éclipse lunaire et celle du solstice d'été de l'année 544 de Jésus-Christ, ce qui porte à cinq au lieu de trois le nombre des époques sur lesquelles j'ai basé mes recherches.

PREMIÈRE PARTIE.

DOCUMENTS.

PREMIER DOCUMENT.

ÉPOQUE DE LA MORT D'IBRAHIM, FILS DU PROPHÈTE MOHAMMAD, DÉTERMINÉE
PAR UNE ÉCLIPSE DE SOLEIL.

Boukhary nous transmet la tradition suivante (voyez page 58 de l'exemplaire n° 301 du supplément des mannscrits arabes de la Bibliothèque impériale de Paris). Je donne cette tradition avec le commentaire dont elle est le
sujet dans le livre qui porte le n° 213 du supplément des manuscrits arabes :
   « Abdoul-Lahi, fils de Mohammad, raconte que Hachim, fils d'Elkacim,
» lui dit que Chiban Abou-Mou-Aviah avait entendu citer par Ziad, fils de
» Ilaka, une tradition que celui-ci tenait de la bouche de Maghira, fils de
» Chouba, l'un des compagnons du prophète. Voici cette tradition [1] :
   » Le soleil s'est éclipsé dans le temps de l'apôtre de Dieu, le jour même
» où Ibrahim (son fils de Marie Lacopte) est mort (à Médine, dans la dixième
» année de l'hégire, suivant la majorité des biographes; et cela a eu lieu
» dans le mois de *rabi I*, suivant les uns, et dans le mois de *ramadan*,
» suivant les autres.........). Le peuple dit alors : Le soleil s'éclipse à cause
» de la mort d'Ibrahim; mais le phophète répondit : Le soleil et la lune ne

---

[1] *Voyez*, pour ce passage comme pour toutes les autres citations, le texte original dans mon
mémoire, *Journal asiatique*, cahier de mars 1858.

» s'éclipsent ni pour la mort, ni pour la naissance de qui que ce soit. »

Ainsi le commentateur de ce hadith met la mort d'Ibrahim dans le mois de *rabi I*, ou dans le mois de *ramadan* de la dixième année de l'hégire. Or, nous trouvons dans l'ouvrage intitulé : *Al-Sirah-Alhalabiah*, n° 596 du supplément des manuscrits arabes de la Bibliothèque, chapitre *Des enfants du prophète*, ce qui suit :

« Dans la huitième année de l'hégire, au mois de *dhoul-hedja*, Marie
» Lacopte enfanta Ibrahim, fils du prophète...... Il est mort dans la dixième
» année de l'hégire. On n'est pas d'accord sur son âge : les uns lui donnent
» un an, dix mois et six jours d'existence, les autres, dix-huit mois. Le
» soleil s'étant éclipsé dans ce jour, quelqu'un dit qu'il s'éclipsa à cause de
» la mort d'Ibrahim; le prophète répondit : Il ne s'éclipse ni pour la mort,
» ni pour la naissance de personne; ou il dit : Que le soleil et la lune sont
» des merveilles divines par lesquelles Dieu manifeste sa puissance, afin
» qu'on le craigne; ils ne s'éclipsent pour la mort ni pour la naissance de
» personne. »

La naissance d'Ibrahim, suivant cette tradition, eut lieu dans le mois de *dhoul-hidja;* les opinions paraissent être d'accord sur ce point : on lit dans le troisième volume de l'*Essai sur l'histoire des Arabes.*, par M. Caussin de Perceval, page 267, ce qui suit :

« Mohammad rentra à Médine à la fin du mois de *dhoul-cáda;* peu de
» jours après, c'est-à-dire dans les commencements du mois *dhoul-hedja*
» (fin de mars 630), Marie Lacopte, son esclave et sa concubine, accoucha
» d'un fils. »

Ibrahim est donc né, suivant l'aveu de tout le monde, dans le mois de *dhoul-hedja* de l'an 8 de l'hégire. Il a vécu, ou un an, dix mois et six jours [1], ou dix-huit mois seulement. Cette dernière opinion doit être rejetée, parce qu'il s'ensuivrait que la mort d'Ibrahim se trouverait placée dans le mois de *djoumada II*. L'autre me paraît la seule vraie. En effet, en comptant un an, dix mois et six jours, à partir de *dhoul-hedja* de l'an 8, on tombe sur le mois de *chawal* de l'an 10 de l'hégire, et c'est, à un mois près, d'accord

---

[1] Masoudi dit qu'Ibrahim a vécu un an dix mois et huit jours. *Voyez* Mouroudj-el-dhahab, manuscrit arabe, n° 714, fol. 286.

avec le commentateur du hadith précédent, qui place cette mort dans le mois de *ramadan*. Mais dans lequel de ces deux mois l'événement a-t-il eu lieu? C'est ce que des considérations astronomiques peuvent nous faire connaître.

Tout le monde sait que le cours des mois lunaires musulmans n'a été interrompu par aucune espèce d'intercalation depuis l'an 10 de l'hégire jusqu'à présent. En partant ainsi d'une certaine époque arabe, on reconnaît, d'après les calculs astronomiques, qu'une éclipse de soleil est certaine à Médine vers la fin du mois de *chawal* de l'an 10 de l'hégire, et que, dans le mois de *ramadan*, cette éclipse est impossible. La mort d'Ibrahim a donc eu lieu dans le mois de *chawal*.

Un calcul rigoureux m'a démontré qu'en effet, le soleil s'éclipsa [1] presque totalement, à Médine, vers 8 heures 30 minutes après minuit, le 27 janvier de l'an 632.

Le 29 du mois de *chawal* de l'an 10 de l'hégire correspond donc au 27 janvier 632. Voilà un point astronomiquement déterminé.

DEUXIÈME DOCUMENT.

DÉTERMINATION DE L'ÉPOQUE DE L'HÉGIRE.

L'auteur d'Alsirah-al-Halabiah rapporte, dans l'ouvrage déjà mentionné (supplément des manuscrits arabes, n° 596, fol. 210, 2ᵉ vᵉ), la tradition suivante :

« Al-hafiz-ben Nassir-el-Dine raconte qu'Ebn-Abbas, le cousin et le compagnon du prophète, dit que l'apôtre de Dieu arriva à Médine (en fuyant la Mekke) le jour de *achoura* [2], au moment du jeûne des Juifs. Le pro-

---

[1] La plus grande phase de cette éclipse était, à Médine, de dix doigts et demi environ. Faute d'une détermination directe de la longitude et de la latitude de cette ville, j'ai adopté pour mes calculs, et d'après les cartes modernes, 57°29′ pour longitude à l'est du méridien de Paris et 24°55′ pour latitude boréale de Médine.

[2] *Achoura* est le dixième jour du mois de *moharram* chez les Musulmans. Il paraît que les juifs arabes appelaient également *achoura* le dixième jour du mois de *ticheri*, lequel mois est le premier de leur année civile et le septième de l'année religieuse.

» phète demanda pourquoi l'on jeûnait ce jour-là ; on lui répondit que c'était
» le jour où Pharaon périt par les eaux et où le Seigneur sauva Moïse; le
» phrophète dit alors : Je dois plus que les Juifs respecter la mémoire de
» Moïse. Et il ordonna de jeûner ce jour-là.

» Cette tradition, ajoute l'auteur, est authentique; elle se trouve dans
» Boukhari et Mouslim. Il dit encore : On peut entendre par Médine, dans
» cette tradition, ou Kouba (petit village du faubourg de Médine), ou l'in-
» térieur même de Médine. »

Pour pouvoir tirer parti de cette tradition, il faut bien comprendre ce qu'on
entend par *áchoura,* qui correspond au jour de l'entrée du prophète à Médine.
Si, avec les Musulmans, l'on entendait par ce mot le dixième jour du mois
de *moharram,* la tradition serait en contradiction avec l'opinion générale,
qui place l'hégire dans le mois de *rabi I,* et qui est fondée sur des traditions
également authentiques. Il est donc essentiel de savoir si le mot *áchoura*
n'indiquait pas, au temps du législateur, une autre époque dans l'année. Les
témoignages suivants nous mettent à même de connaître le véritable jour
qu'on a voulu désigner par ce mot de *áchoura,* qui a jeté des doutes dans la
tradition et induit en erreur quelques savants. Aussi notre auteur, sentant cette
difficulté, s'exprime-t-il de la manière suivante en continuant sa narration :

« L'observance du jeûne par les Juifs, ce jour-là, offre une difficulté ;
» car le *áchoura* étant le dixième jour du mois de *moharram,* ou le neuvième
» du même mois selon Ebn-Abbas, comment se pourrait-il qu'il tombât
» dans le mois de *rabi I* (dans lequel Mohammad fit positivement son entrée
» à Médine)? On a levé la difficulté en considérant que l'année, chez les Juifs,
» étant solaire et non lunaire, le *áchoura,* qui était le dixième jour du mois
» de *moharram* et qui jadis correspondait au jour où Pharaon fut englouti
» dans les flots, ne doit pas toujours répondre au dixième jour du mois de
» *moharram :* il s'est trouvé tout simplement être le même jour où Moham-
» mad a fait son entrée à Médine. En effet, si ce jour-là était le jour de
» *áchoura* (dixième de *moharram*), le prophète n'aurait pas demandé ce
» qu'était ce jour-là. »

Notre auteur ajoute :

« On peut citer à l'appui de cette interprétation un passage de l'ouvrage

» intitulé : *Al-mou-djam-al-Kabir*, par Al-Thabarani. Voici ce passage :
» Kharidja, fils de Zaïd, raconte que son père, le compagnon du prophète,
» dit : Le jour de *áchoura* n'est pas ce que le peuple veut dire; c'était un
» jour où l'on couvrait la *cába*, et où les Éthiopiens venaient jouer chez le
» prophète. Ce jour se transportait de mois en mois successivement dans
» l'année; la détermination de l'époque de ce jour était confiée à un certain
» Juif, et, après sa mort, elle fut confiée à Zaïd, fils de Thabit. »

Cela nous montre que le jour de *áchoura* dont il s'agit était, chez les
Juifs et les Arabes de la Mekke, un jour fixé d'après l'année luni-solaire.

Mais dans quel mois et quel jour de ce mois? C'est ce que nous allons voir.

Albirouny nous donne sur ce sujet, dans son ouvrage intitulé : *Kitab-el-Athar* (manuscrit de l'Arsenal), le passage suivant :

« On a dit positivement que *áchoura* est un mot hébreu arabisé de *áchour*,
» qui est le dixième jour du mois juif *ticheri*, et dont le jeûne est le jeûne
» de Kippour; que les Arabes l'ont fixé, à l'imitation des Juifs, dans le
» dixième jour de leur premier mois. »

Je conclus donc de l'ensemble de ces témoignages que Mohammad entra
à Médine le dixième jour du mois de *ticheri*, jour où le jeûne est prescrit par
la Bible et dans lequel les Juifs, jusqu'à nos jours, observent rigoureusement
cet acte de dévotion.

Cette conclusion me paraît d'autant plus conforme à la vérité, que ce jour est
un lundi, de l'aveu de tous les écrivains. Pour connaître l'époque de cet événement dans le calendrier chrétien, il faut simplement chercher la date correspondante au dixième jour de l'an des Juifs [1] dans l'année 622 de Jésus-Christ,
car l'hégire a eu lieu sans contestation dans le courant de cette année-là.

Le calcul [2] nous montre que ce jour était le 20 septembre, et c'est le
huitième jour dans le mois lunaire, à partir de l'apparition de l'astre : car
la conjonction eut lieu le samedi 11 septembre, à une heure environ après
minuit, en comptant de Paris [3]; et on ne put voir le croissant à l'œil nu

---

[1] Cette année est la 4383ᵐᵉ de la création, d'après le calcul des Juifs.

[2] *Voyez mon Mémoire sur le calendrier judaïque*, tome XXVI des *Mémoires des savants
étrangers de l'Académie royale de Belgique.*

[3] Et à une heure et demie environ avant minuit, selon le temps de Médine.

que le dimanche soir du 12 au 13 septembre; de sorte que le lundi 13 septembre a dû être le premier du mois lunaire arabe.

Or, les traditions nous apprennent que ce fut, où le 2, ou le 8, ou enfin le 12 du mois de *rabi I* que le prophète entra à Médine, et que ce jour était un lundi. Le 2 et le 12, n'étant pas des lundis, le 8 se trouve naturellement fixé pour l'événement, et l'on a pour conclusion finale que : l'hégire ou l'entrée de l'apôtre de Dieu à Médine, a eu lieu le lundi, 8 du mois de *rabi I*, correspondant au 20 septembre 622, et au 10 du mois de *ticheri* de l'an 4383 de la création.

Avant de quitter ce sujet, j'ai cru utile d'ajouter quelques observations touchant la tradition principale. Je ferai observer d'abord que la répétition de cette tradition, plusieurs fois par des voies diverses, dans les deux ouvrages les plus authentiques, Al-Boukhari et Mouslim, peut être considérée comme une preuve d'authenticité. Mais il y a un passage de la tradition qui ne s'accorde pas avec la Bible. Ce passage est celui-ci :

« Le prophète demanda aux Juifs ce qu'était ce jour-là, et on lui répondit
» que c'était le jour où le Seigneur fit périr Pharaon dans les eaux et sauva
» Moïse. »

Le jour dont on parle ici est le dixième du mois de *ticheri*, tandis que le jour où Moïse avait passé la mer Rouge était, suivant la Bible, le 21 du mois de *nissan* ou le septième jour après la fête de la Pâque des Juifs.

Ce manque de véracité pourrait-il être une preuve de non-authenticité de la tradition? Non certes : Ebn-Abbas n'a fait que rapporter ce qu'il avait vu, et ce qu'il avait entendu dire par quelques Juifs, sans doute peu instruits. Ce fait prouve uniquement leur ignorance de la cause de l'institution de ce jeûne.

Ce passage, du reste, se trouve complétement omis dans la même tradition rapportée dans un autre endroit de Boukhari par la voie d'Abou-Mousa, un des plus érudits des compagnons.

On y lit simplement (Boukhari, n° 301, folio 232, manusc. arab. supp.) :

« Abou-Mousa dit (d'après le rapport de Boukhari) que le prophète entra
» à Médine lorsqu'un certain nombre de Juifs jeûnaient *achoura* et le véné-

» raient. Le prophète dit alors : Il nous appartient plus qu'à eux de jeûner
» ce jour-là, et il prescrivit le jeûne ce jour-là. »

Quelques écrivains, n'ayant pas bien saisi le sens de cette tradition, pré-
tendaient que l'hégire devait avoir eu lieu le dixième jour du mois de *moharram*, et que ce jour se trouvait en même temps correspondre au dixième
jour du mois de *ticheri* chez les Juifs. L'auteur de *Kitab-al-Athar*, Albirouny,
démontre avec raison l'impossibilité de la concordance sur laquelle se basait
cette opinion. Mais il a poussé trop loin sa censure et sa critique; il a cru
même prouver la non-authenticité de la tradition d'Ebn-Abbas. Voici ce
qu'il dit sur ce sujet dans *Kitab-al-Athar* (manuscrit arabe de l'Arsenal de
Paris) :

« La tradition nous rapporte que, quand le prophète entra à Médine, les
» Juifs jeûnaient *achoura*, et que, sur sa demande, ils répondirent que c'était
» le jour où le Seigneur avait sauvé Moïse et ses compagnons, et fait périr
» Pharaon et les siens dans les eaux; que le prophète dit alors : Il nous
» convient mieux qu'aux Juifs de respecter la mémoire de Moïse, et il jeûna
» ce jour-là avec ses compagnons. Plus tard, quand le jeûne de *ramadan*
» fut prescrit, il n'a été question ni de jeûner, ni de ne pas jeûner *achoura*.
» Cette tradition, ajoute Albirouny, n'est point authentique, parce que les
» preuves sont contre elle.

» En effet, continue notre auteur, le premier jour du mois de *moharram*
» de l'an 1 de l'hégire est le vendredi, 16 du mois de *thamouz* de l'année
» 933 d'Alexandre. En calculant le commencement de l'année juive dans
» cette année-là, nous trouvons que c'est le dimanche 12 du mois de *eloul*,
» et il correspond au 29 du mois de *shafar*. Le jeûne de *achoura* était donc
» le mardi, 9 du mois de *rabi I*.

» Or, d'une part, l'hégire eut lieu dans la première moitié du mois de
» *rabi I*; de l'autre, le prophète dit, quand on lui demanda si l'on jeûnait le
» lundi, que c'était le jour où il était né, où il avait été envoyé, et où il
» avait reçu pour la première fois des versets du Coran : c'est aussi le jour
» où il a accompli sa fuite (hégire) pour Médine. Mais on n'est pas d'accord
» sur la date du lundi de l'hégire : les uns le placent au 2, les autres au 8,
» d'autres enfin, prétendent que c'était le 12 du mois de *rabi I*; le 8 est

» généralement adopté : ce jour ne peut être ni le 2, ni le 12 du mois,
» parce que ces deux jours ne sont pas des jours de lundi, attendu que ce
» mois de *rabi* commençait un lundi.

» On conclut de ce que nous venons d'exposer que l'entrée du prophète
» à Médine a eu lieu un jour avant *âchoura*, et cela ne peut avoir lieu
» dans le mois de *moharram*, que plusieurs années avant l'hégire et vingt
» et quelques années après. Comment pourrait-on donc dire que le prophète
» avait jeûné *âchoura*, parce qu'il s'accordait avec le dixième jour du mois
» de *moharram?*.... En outre, le *âchoura* était, dans la deuxième année de
» l'hégire, le samedi ..... du mois de *eloul*, et le neuvième du mois de *rabi I;*
» tout ce que l'on a dit de la concordance en question est donc absurde.

» Quant au dire que le Seigneur avait fait périr Pharaon dans les eaux
» ce jour-là, la Bible atteste formellement le contraire. Ce naufrage eut lieu
» le 21 *nisan*, qui est le septième jour de la fête de la Pâque des juifs. La
» Pâque juive, après l'entrée du prophète à Médine, arriva le mardi 22
» *adar* de l'année 933 [1] d'Alexandre : ce jour s'accordait avec le 17 de
» *ramadan*. Pharaon aurait péri le 23 du même mois : donc, il n'y a aucun
» moyen de justifier ce que l'on rapporte. »

Albirouny paraît avoir interprété la tradition de la même manière que
ceux qu'il critiquait, savoir que le prophète serait entré à Médine le jour du
âchoura juif, que ce jour était le même que celui des Musulmans, et qu'enfin
le Seigneur avait sauvé Moïse à pareil jour.

Aussi, dit-il que « cette tradition n'est point authentique, parce que les
» preuves sont contre elle. »

Les preuves qu'il vient de donner sont :

1° La non-concordance des deux *âchoura;*

2° Que le *âchoura* juif aurait eu lieu le mardi, tandis que le jour de
l'entrée du prophète à Médine serait le lundi précédent;

3° Que ce jour n'est point celui où Moïse avait été sauvé.

La non-concordance des deux *âchoura* ne saurait être une preuve contre
l'authenticité de la tradition, parce que cette concordance n'y est nullement
mentionnée; elle prouve seulement l'erreur de ceux qui ont cru voir dans la

---

[1] Le chiffre 933 est inexact : c'est 934.

tradition la conséquence de cet accord, tout en en affirmant l'authenticité. Albirouny lui-même ne la donne formellement que comme une preuve de l'absurdité de la concordance, quoique la manière dont elle est exposée laisse apercevoir une attaque contre la tradition, laquelle attaque est sans aucun fondement.

Pour la deuxième preuve, si l'on refait le calcul de notre auteur, on verra qu'elle est plutôt pour que contre l'authenticité de la tradition ; en effet, en calculant bien, on trouve que le premier jour du mois de *ticheri* de l'année juive qui commence dans le courant de la première année de l'hégire, est le samedi 11 *eloul* (11 septembre, qui correspond à la fin du mois de *shafar*) et non pas le dimanche 12 *eloul*, comme le dit Albirouny ; le *âchoura* ou le 10 *ticheri* était donc le lundi 8 *rabi I*, et non pas le mardi 9 du même mois arabe.

Quant au troisième point, nous l'avons déjà discuté dans ce document, et nous avons montré qu'il ne doit porter aucune atteinte à l'authenticité de la tradition.

Du reste, on peut prouver par d'autres moyens que l'entrée du prophète à Médine eut réellement lieu le 20 septembre 622, correspondant au dixième jour du mois de *ticheri*, qui est le *âchoura* juif :

1° Masoudi dit, dans *Mouroudj-El-dhahab*, supplément des manuscrits arabes, n° 715, fol. 152 :

« Entre l'ère de Jazdajird et celle de l'hégire, il y a 3624 [1] jours. »

Or, l'hégire même, ou l'entrée du prophète à Médine, a eu lieu, de l'aveu de tous les écrivains, 67 jours après le premier jour du mois de *moharram*, qui commence l'ère de l'hégire : on doit donc avoir 3624 moins 67, ou 3557 jours entre le commencement de l'ère de Jazdajird et le jour de l'entrée du prophète à Médine ; et comme l'ère de Jazdajird commence le mardi 16 juin, 632 de Jésus-Christ (8 ou 9 jours après la mort de Mohammad), il suffit de compter 3557 jours, en rétrogradant, à partir du 16 juin 632, pour avoir la date julienne qui correspont au jour de l'hégire. L'opération faite, on tombe sur le 20 septembre 622, qui est un lundi. L'entrée de l'apôtre à Médine eut donc réellement lieu le lundi 20 septembre 622, lequel jour correspond au 10 *ticheri* chez les Juifs ;

----

[1] Ebn-Jounis et les autres savants de l'Orient sont d'accord pour adopter ce chiffre.

2° Le manuscrit arabe, n° 1131 du supplément, 3ᵐᵉ fol. de la fin de
l'ouvrage, contient ce qui suit :

« Nous disons qu'il y a entre le premier jour de l'année de l'hégire et le
» premier jour de l'année qui commence par l'équinoxe du printemps, et
» dans laquelle eut lieu la conjonction de Jupiter et de Saturne qui pré-
» cède la naissance de Mohammad, 51 années persanes, 4 mois, 8 jours [1] et
» 16 heures. »

L'équinoxe vernal dont il s'agit ici, est suivi par une conjonction de
Jupiter et de Saturne; or, le calcul nous montre qu'il y eut, en effet, vers
l'époque de la naissance de Mohammad, une conjonction de ces deux astres,
vers le 29 ou le 30 mars de l'année 571 de Jésus-Christ, comme on le
verra plus tard. L'équinoxe eut lieu, d'après mes calculs, le 19 mars, à
15 heures et 11 minutes après minuit, temps moyen de Médine. Le premier
jour du mois de *moharram* de l'année de l'hégire tombe donc 51 années
persanes, 4 mois, 8 jours et 16 heures après le 19 mars, 15 heures et
11 minutes de l'année 571 de Jésus-Christ.

En réduisant ce laps de temps en jours, et considérant que l'année persane
est de 365 jours, on aura 18743 jours et 16 heures, ou 18744 jours, en
ajoutant un jour pour la fraction. Or, l'hégire avait eu lieu 2 mois et 8 jours
après le commencement du mois de *moharram :* on a donc 18744 plus 67
jours ou 18811 jours entre l'hégire même et l'époque de l'équinoxe vernal,
savoir le 19 mars 571. Cela fait tomber l'hégire, ou l'entrée du prophète à
Médine, le lundi 20 septembre 622, correspondant au 10 *ticheri*, jour de
la fête de *kippour* chez les Juifs.

Passons maintenant au troisième et dernier document.

---

[1] Le texte arabe a été bien défiguré par les copistes. Le nombre 8 *jours* est, dans le texte,
5 *jours*. Ce nombre de 3 jours est à coup sûr une faute : ce doit être 8, car, en comptant 51
années persanes, 4 mois et 3 jours, etc..., à partir de l'équinoxe vernal indiqué dans le texte, on
ne tombera pas sur une nouvelle lune, laquelle doit être celle du mois de *moharram* de l'année
de l'hégire; mais, en restituant le nombre 8, on tombera sur une nouvelle lune, ce qui doit être.
Si l'on examine, du reste, l'orthographe arabe du mot *trois* qui peut être écrit ainsi ثلث, et
celle du mot 8 que l'on trace à la hâte ainsi ثمانية, on verra que le copiste a bien pu se
tromper et prendre l'un pour l'autre.

TROISIÈME DOCUMENT.

—

Le manque de traditions formelles sur l'époque de la naissance du prophète m'oblige de donner, dans ce document, un grand nombre de traditions et de témoignages touchant ce sujet.

1° Nous trouvons ce qui suit dans le premier volume d'*Alsirah-al-Halabiah*, n° 596 du supplément des manuscrits de la Bibliothèque impériale de Paris, f°s 47 et suiv. :

« Kotadah rapporte que le prophète dit : Le lundi est le jour où je suis
» né. Ebn-Backar et Ebn-Asakir disent que la naissance eut lieu à l'aube du
» jour; on a à l'appui de cela les paroles d'Abdoul-Mouttaleb, aïeul du
» prophète : Un enfant m'a été donné cette nuit au moment de l'aurore.
» Saïd, fils de Mousaïb, rapporte que le prophète est né au milieu de la
» journée. Ce jour était le 12 du mois de *rabi I*, et au printemps. Un poëte
» faisant allusion à cette circonstance, dit :
» Le langage de la réalité pourrait mettre dans la bouche de Mohammad
» cette vérité douce à entendre :
» Ma figure, la saison et le mois de ma naissance sont la prospérité, le
» printemps et le mois de *rabi*.
» La veille du 12 *rabi I* est adoptée par le peuple pour célébrer la nais-
» sance du prophète dans les grandes villes généralement, et à la Mekke en
» particulier, surtout quand on veut visiter l'endroit de sa naissance. D'au-
» tres disent que la naissance eut lieu le 10 du même mois; Hafiz-Damiathi
» justifia cette opinion. On a dit aussi qu'il était né le 17. Les historiens assu-
» rent que c'était le 8; Ebn-Dehiah soutient cette opinion, et il dit qu'il ne
» peut pas en être autrement. »

Mohammad est donc né au printemps, le 8, le 10 ou le 12 du mois de *rabi I*, selon les opinions les plus accréditées.

2° L'exemplaire qui porte le n° 597 de l'ouvrage déjà mentionné du manuscrit arabe, nous donne ce qui suit, dans les feuilles 70 et suiv. :

« Halima (la nourrice de Mohammad) dit : Quand il (Mohammad) eut deux
» ans, nous l'amenâmes chez sa mère à la Mekke ; mais tenant beaucoup à
» ce qu'il restât avec nous, à cause de la prospérité dont nous jouissions depuis
» le jour où il était entré chez nous, nous demandâmes à sa mère de nous
» le laisser encore cette année, en lui disant, je redoute pour lui l'air et la
» maladie de la Mekke. Nous ne cessâmes d'insister auprès d'elle jusqu'à ce
» qu'elle eût consenti à nous le rendre..... Halima continue : Nous retour-
» nâmes avec lui. Je jure (par Dieu) que quelques mois (deux ou trois mois,
» au rapport d'Ebn-el-Athir) après notre retour, il était avec son frère de lait
» auprès des moutons qui nous appartenaient, ou (selon le rapport de Tha-
» bari, qui ne contrarie pas ce qui précède) quand il grandit et eut deux ans
» (en supprimant la fraction de deux ou trois mois), tandis qu'il était avec
» son frère de lait auprès de nos moutons, derrière nos maisons, celui-ci
» arriva en courant nous dire à moi et à son père : Mon frère le korachite
» a été pris par deux hommes en habit blanc ; ils l'ont fait coucher et ils lui
» ont ouvert le ventre..... J'accourus avec son père vers lui, continue Halima,
» nous le trouvâmes debout, mais pâle..... En retournant avec lui dans notre
» demeure, son père (nourricier) me dit : Écoute, Halima, je crains que cet
» enfant ne soit possédé du démon ; reporte-le à ses parents avant que cette
» maladie ne se déclare..... Nous l'avons porté alors, continue-t-elle, à sa
» mère, à la Mekke. »

Or, nous trouvons dans le même ouvrage, f° 80, ce qui suit :

« On rapporte que Halima, après son retour de la Mekke avec lui, ne
» le laissait pas s'éloigner d'elle, et qu'un jour ne le voyant pas, elle se mit
» à sa recherche, et le trouva avec Chima, sa sœur de lait..., qui le faisait
» danser en lui chantant :

» Voilà un frère que ma mère n'a pas enfanté ; il n'est pas non plus la
» progéniture de mon père ni de mon oncle ; fais-le croître, ô mon Dieu,
» parmi les choses que tu fais croître. Halima s'écria alors : Dans cette cha-
» leur-là ! voulant dire qu'il était imprudent de le faire sortir par une pareille
» chaleur. »

Cet incident eut lieu, comme l'on voit, après le retour de Halima de la
Mekke avec lui ; or, la première tradition nous apprend qu'il avait alors deux

3

ans, et qu'il fut rendu à sa mère quant il avait deux ans et quelques mois (deux ou trois mois, selon le rapport d'Ebn-el-Athir). Donc, Mohammad était âgé de deux ans à deux ans et trois mois quand sa sœur de lait l'avait fait sortir au moment de la grande chaleur que sa nourrice redoutait pour lui.

Ceci a dû se passer en été ou à une époque très-voisine de l'été; d'où il résulte que la naissance de Mohammad a eu lieu au printemps.

Cette conclusion me paraît d'autant plus vraisemblable qu'elle est en parfait accord avec le premier témoignage et avec ceux que je vais donner.

3° Le cheik Imam Chams-el-Dine Mohammad, fils de Salim, connu sous le nom de *Khallal,* nous dit, dans son ouvrage *Al-Djifr-el-Kabir,* n° 1174, manuscrits arabes, ancien fonds, f° 4, ce qui suit :

« Il est certain que le prophète était né un lundi dans le mois de *rabi I,* le
» 20 du mois de *nisan* de l'année de l'éléphant, dans le temps de Kesra-
» nou-Cherwan (Kosroès le Grand); il reçut sa mission prophétique après
» quarante ans et un jour de sa naissance, et il accomplit son hégire à
» Médine à l'âge de cinquante-trois ans. »

Or, le mois de *nisan,* dans ce témoignage, est le mois d'avril. Mohammad est donc né au printemps.

4° Al-Masoudi fixe, dans son ouvrage intitulé *Mouroudj-el-Dhahab,* la naissance du prophète dans l'année 882 d'Alexandre. Voici ce qu'il dit d'après le manuscrit arabe n° 714, supplément, 1ᵉʳ volume, f° 279 :

« Ce qu'il y a de vrai dans tout ce que l'on a dit sur la naissance du pro-
» phète, c'est qu'elle eut lieu cinquante jours après l'arrivée des Éthiopiens
» avec leurs éléphants à la Mekke; ils avaient assiégé la Mekke le lundi,
» treize jours avant l'expiration du mois de *moharram* de l'année 882 de
» l'ère de Dhoul Karnaïn (de l'ère des Séleucides). Abraha (l'Éthiopien)
» arriva donc devant la Mekke le 17 du mois de *moharram,* correspondant
» à l'an 216 de l'ère arabe, qui commence par le pèlerinage de trahison,
» et à la quarantième année du règne de Kesra-nou-Cherwan. Le prophète
» naquit à la Mekke, le 8 du mois de *rabi I* de cette année-là. »

L'époque que Masoudi donne tombe en l'année 571 de Jésus-Christ.

5° A la page 283, vol. Iᵉʳ de l'*Essai sur l'histoire des Arabes,* par M. Caussin de Perceval, on trouve la note suivante :

« Suivant Ebn-el-Athir, cité dans le *Tarikh-el-Khamicy*, fº 86 vº, Kesra régna quarante-sept ans et huit mois. (Les historiens grecs lui donnent, à un mois près, la même durée de règne.) Ebn-el-Athir ajoute : Kesra vécut sept ans et huit mois après la naissance de Mohammad. »

Donc, Kesra avait régné quarante ans complets lors de la naissance de Mohammad; or, ce monarque avait commencé à régner en 531 de Jésus-Christ; donc Mohammad est né dans le courant de l'année 571 de Jésus-Christ.

6° L'auteur de *Moukhtassar-el-Tawarikh*, Gergès [1], qui était fils d'Abi-Élyas......., etc., nous affirme (supplément manuscrit arabe nº 751) que Mohammad était âgé de huit ans lors de la mort de Kesra-nou-Cherwan. Or, nous trouvons dans l'*Art de vérifier les dates* (page 408) le passage suivant :

« L'an 579, il (Kesra) meurt à Ctésiphon, vers le mois de mars. »

Donc, Mohammad avait huit ans vers le mois de mars; il était né, par conséquent, vers la même époque de l'année 571 de Jésus-Christ.

7° L'illustre astronome royal de Berlin, M. Idler, cite, dans son *Traité de chronologie mathématique*, t. II, p. 498, le passage suivant :

« Mohammad est né, suivant Almakin, le 22 *nisan* de l'année 882, de » l'ère des Séleucides. »

Ce mois de *nisan* syriaque correspond au mois d'avril; ce serait donc le 22 avril 571 de Jésus-Christ que Mohammad est venu au monde.

8° M. Silvestre de Sacy donne (*Mémoire de l'Académie des inscriptions*, t. XLVIII, p. 530), sur la foi de Gagnier, le passage suivant :

« La naissance du prophète avait eu lieu à la sixième heure de la nuit du » lundi, le 20 *nisan* de l'année 882 d'Alexandre. »

Ce jour-là correspond au 20 avril 571 de Jésus-Christ.

Les astronomes orientaux paraissent être d'accord pour placer également la naissance de Mohammad vers le mois d'avril de l'année 571 de Jésus-Christ. Ils la fixent presque immédiatement après une conjonction de Jupiter et de Saturne, qui eut lieu dans la constellation du Scorpion.

J'ai calculé la position de ces deux astres, en me servant des tables de Bou-

---

[1] Cet auteur est connu en Europe sous le nom d'*Almakin*, comme le dit M. Reinaud, dans le catalogue du supplément des manuscrits arabes de la Bibliothèque impériale de Paris.

vard, et j'ai trouvé que, pour le 1er avril 571 de Jésus-Christ, Jupiter se trouvait dans 15° 2′ [1] du Scorpion, et Saturne dans 15° 17′ de la même constellation. Le mouvement de ces deux planètes était rétrograde. La conjonction doit avoir eu lieu le 29 ou le 30 mars 571 de Jésus-Christ. Cette conjonction est appelée par les astronomes orientaux : *la conjonction de la religion musulmane*, ou simplement : *la conjonction de la religion*.

Nous allons donner quelques-uns des témoignages qui s'y rapportent.

9° Le manuscrit arabe [2] n° 1161, ancien fonds, p. 88, contient :

« Je dis que la naissance du prophète eut lieu l'année de l'éléphant, la-
» quelle année est celle de 882 d'Alexandre; une conjonction de Saturne et
» Jupiter eut lieu dans la constellation du Scorpion cette année-là, peu de
» temps avant la naissance. »

D'après ce témoignage, Mohammad serait né peu de temps après le 30 mars 571 de Jésus-Christ.

10° Le témoignage suivant, que j'ai puisé dans l'ouvrage intitulé : *Moun-taha-al-Idrak*, n° 1115, manuscrit arabe, ancien fonds, 8me chapitre, nous donne le même résultat, par ce passage :

« Le prophète naquit la première année de la conjonction qui fut comme
» le précurseur de la religion musulmane. »

Nous savons déjà que cette conjonction eut lieu le 29 ou le 30 mars de l'année 571; donc le prophète est né la même année.

11° Enfin, on trouve dans les manuscrits n° 1129 [3], supplément, fol. 15, et n° 1131 [4], supplément, 3me feuille de la fin de l'ouvrage, de pareils témoi-

---

[1] Voici les résultats exacts de mes calculs pour le 1er avril 571 de Jésus-Christ :

PLANÈTES.	LONGIT. héliocentrique.	LATIT. héliocentrique.	LONGIT. géocentrique.	LATIT. géocentrique.
Jupiter	210°57′21″	1° 9′4″ B.	215° 2′25″	1°23′50″ B.
Saturne.	215° 4′ 4″	2°22′5″ B.	215°16′47″	2°56′40″ B.

[2] L'auteur de cet ouvrage s'appelle Jahya, fils de Mohammad, fils d'Abi Choukr, al Andalousie.

[3] Cet ouvrage s'appelle *Alkamil dans le secret des astres.*

[4] L'auteur est Ahmed, fils d'Abdoul-Djalil, et le nom de l'ouvrage: *Le livre des conjonctions.*

gnages qui prouvent que la naissance de Mohammad a eu lieu dans l'année
571 de Jésus-Christ, peu de temps après le 29 mars, époque du phénomène
céleste déjà mentionné.

12° On peut ajouter, comme un douzième et dernier témoignage, les
opinions des historiens qui placent cette naissance dans la quarantième [1] ou
quarante et unième année [2] du règne de Kesra-nou-Cherwan. En effet,
comme ces savants n'indiquent pas l'époque précise de l'année, on peut bien
supposer que les premiers avaient en vue la fin de la quarantième année,
et que les autres entendaient désigner le commencement de la quarante et
unième année du règne du grand monarque persan. Par là, ces sentiments
se trouvent rapprochés les uns des autres, et ils ne différeraient entre eux
que de un ou deux mois; ils s'accorderaient alors pour placer la naissance du
prophète dans l'année 571 de Jésus-Christ.

J'ajoute qu'Aboul-Féda place la naissance de Mohammad dans la 881me
année d'Alexandre, et dans la 1316me de l'ère de Nabonassar; il la fait correspondre aussi à la 42me année du règne de Kesra-nou-Cherwan. Or, la
881me année d'Alexandre commence le 1er octobre 569 de Jésus-Christ,
tandis que la 1316me de Nabonassar finit le 2 avril 569. Cette concordance
est donc impossible. Nous devons, par conséquent, rejeter comme absurde
et sans valeur ce témoignage d'Aboul-Féda, qui se contredit, du reste,
lui-même.

En effet, à la page 14, édition de Gagnier, de la vie de Mohammad, par
Aboul-Féda, cet historien dit que Mohammad a reçu sa mission à l'âge de
quarante ans, l'année 922 d'Alexandre. D'après ce passage, Mohammad
serait né en 882 de l'ère d'Alexandre ou en 571 de Jésus-Christ.

L'accord que l'on remarque dans cette multitude de traditions et de témoignages divers équivaut pour moi à une certitude; aussi je n'hésite pas un
instant à admettre que Mohammad est né au printemps de l'année 571 de
Jésus-Christ. Le mois d'avril étant désigné formellement dans quelques-uns
de ces témoignages et par déduction dans d'autres, je l'admets également
pour cet événement.

[1] Masoudi et l'auteur de *Moudjmil-al-Tawarikh*, etc.
[2] *Hamza-Isphahani*, etc.

Mais dans quel jour du mois d'avril la naissance du prophète a-t-elle eu lieu? C'est ce que nous allons voir.

La conjonction vraie de la lune a eu lieu (d'après les tables abrégées de Largeteau) dans le mois d'avril 571, le 10, à 9 heures 41 minutes environ après minuit, temps moyen de la Mekke [1]. Le croissant ne put être visible à l'œil nu que le 11 au soir. Donc le mois lunaire arabe correspondant a dû commencer le dimanche 12 avril. Mohammad est né (suivant les opinions les plus accréditées) le 8 ou le 10, ou enfin le 12 du mois lunaire *rabi I*. Le jour de sa naissance était un lundi, de l'aveu unanime de tous les écrivains. Et comme il n'y a, du 8 au 12 de ce mois lunaire, que le 9 qui fût un lundi, on ne peut admettre que ce jour pour celui de la naissance de Mohammad.

Je conclus donc, en terminant, que le prophète Mohammad est né le lundi 9 *rabi I,* ou le 20 avril 571 après Jésus-Christ.

---

[1] J'ai pris pour longitude de cette ville 37° 54′ 45″ à l'est du méridien de Paris, et pour latitude, 21° 28′ 17″ nord.

SECONDE PARTIE.

DU GENRE DE CALENDRIER ANTÉ-ISLAMIQUE ET DE L'AGE DU PROPHÈTE
MOHAMMAD.

Calendrier anté-islamique.

La connaissance du système de calendrier qui était en usage dans le Hidjâz (Arabie Pétrée) et particulièrement à la Mekke, ainsi qu'à Jathrib (Médine), est excessivement facile, d'après les trois époques dont les déterminations, indépendantes les unes des autres, ont fait le sujet de la première partie de ce travail. En effet, ces époques étant :

1° Le 27 janvier 632 de Jésus-Christ, qui tombe le 29 d'un mois arabe, *chawal;*

2° Le 20 septembre 622 de Jésus-Christ, qui tombe le lundi 8 d'un mois arabe *rabi I;*

3° Le 20 avril 571 de Jésus-Christ, qui correspond au lundi 9 d'un mois de *rabi I,* chez les Arabes de la Mekke.

Si l'on compare la troisième époque à la deuxième, on voit que les Mekkois ont dû compter du 9 *rabi I,* ou 20 avril 571, au 8 *rabi I,* ou 20 septembre 622, un nombre entier d'années (moins un jour), quel que soit le système de calendrier dont ils se servaient alors. Le laps de temps entre ces deux époques est de 18780 jours. Les Arabes réglaient leurs mois, avant comme après l'islamisme, sur la marche de la lune; le mois était tantôt de 29, tantôt de 30 jours. L'année ordinaire était de 12 lunaisons, et de temps en temps ils intercalaient, au dire des historiens, une treizième lunaison pour rendre l'année solaire. On intercalait 9 mois dans une période de 24 ans; 7 mois dans 19 ans; 1 mois tous les trois ans; ou, enfin, un mois tous les deux ans, suivant les diverses opinions.

Les commentateurs du Coran, les lexicographes et les biographes autorisent à croire que les Arabes païens se servaient d'un calendrier purement lunaire. C'est donc l'un de ces cinq systèmes qui se trouvait en usage à la Mekke, quand le prophète Mohammad quitta cette ville pour se réfugier à Médine.

Or, nous avons déjà remarqué que 18780 jours doivent former, à un jour près, un nombre entier d'années du système de calendrier anté-islamique.

En divisant donc 18780 jours par le nombre [1] des jours de l'année moyenne de chacun des cinq systèmes, on doit reconnaître lequel de ces systèmes était réellement en usage, par le seul fait d'avoir un nombre entier dans le quotient de la division correspondante. L'opération faite, on voit que c'est le dernier système (année purement lunaire) qui satisfait seul et rigoureusement à cette condition; car 18780 divisé par $354^j,367$, donne 53 ans moins un jour.

Je conclus donc que les Mekkois se servaient, dans les cinquante années antérieures à l'hégire, d'un calendrier purement lunaire.

Voyons à présent si nous ne pouvons pas obtenir le même résultat par la comparaison de la troisième époque avec la première. Ces deux époques sont :

1° Le 20 avril 571, qui est un neuvième jour d'un mois arabe *rabi I;*

2° Le 27 janvier 632, qui tombe un vingt-neuvième jour d'un mois arabe, *chawâl.*

La durée du temps comprise entre elles est de 22197 jours; or, du 9 *rabi I* jusqu'au 29 *chawâl,* il y a 226 jours; il faut donc que 22197 jours donnent un nombre entier d'années plus 226 jours. En effet, 22197 divisé par $354^j,367$ (durée moyenne de l'année lunaire vague) donne pour quotient 62 ans, et pour reste, 226 jours. L'année qui était en usage à la Mekke et

---

[1] La durée de l'année moyenne dans le premier système (en intercalant 9 mois dans 24 ans) est de $368^j,441$; celle de l'année du deuxième système (en intercalant 7 mois dans 17 ans) est de $365^j,246$; pour le troisième, on a pour durée de l'année moyenne $364^j,211$; dans le quatrième, on a $360^j,152$; enfin, dans le cinquième système, la longueur de l'année purement lunaire est de $354^j,367$.

à Médine, pendant les 62 ans qui précédèrent le pèlerinage d'adieu, fut donc l'année lunaire vague.

L'identité de ces deux résultats ne justifie-t-elle pas à la fois, et l'exactitude des trois époques, et celle du résultat lui-même? Il me semble que oui. Tout paraît, du reste, nous le confirmer. Nous avons déjà donné, dans le second document, une tradition rapportée par Thabarani au sujet du mot de *âchoura;* si on l'examine attentivement, l'on y verra un témoignage direct de l'usage du calendrier purement lunaire chez les Mekkois avant l'hégire; en effet, cette tradition porte :

« Kharidja, fils de Zaïd, raconte que son père (le compagnon du pro-
» phète) dit : Le jour de *âchoura* n'est pas ce que le peuple veut dire. C'était
» un jour où l'on couvrait la *câba*, et où les Éthiopiens venaient jouer chez
» le prophète. Ce jour se transportait (de mois en mois successivement) dans
» l'année. La détermination de l'époque de ce jour était confiée à un certain
» Juif, et après sa mort, elle fut confiée à Zaïd, fils de Thabit. »

Le véritable jour de *âchoura,* dont la détermination était confiée à un Juif, est sans doute le *âchoura* des Juifs (10me du mois de *ticheri*), qui avait été, à ce qu'il paraît, adopté par les Arabes païens de la Mekke. Or, pour que le dixième jour du mois de *ticheri* (de l'année juive luni-solaire) se transportât de mois en mois successivement dans une autre année, il faut que celle-ci ait été purement lunaire.

Pour ceux qui conserveraient encore quelque doute sur ce point important, malgré les preuves évidentes que je viens de donner, je vais encore en présenter d'autres astronomiquement démontrées.

Le manuscrit n° 243 du supplément des manuscrits arabes de la Bibliothèque impériale de Paris, nous apprend, dans la 2me feuille, à partir de la fin du volume, que :

« L'auteur de l'ouvrage intitulé : *Djema-al-Eddah,* dit qu'une éclipse de
» lune eut lieu dans le mois de *djoumada II* de l'an 4 de l'hégire. »

On voit sans peine que cette éclipse ne peut être que celle du 20 novembre 625 [1] de Jésus-Christ. Le 14 du mois arabe *djoumada II* correspond donc

---

[1] Le calcul nous montre que la lune s'éclipsa vers 5 heures après minuit de Médine, le 20 novembre 625 de Jésus-Christ.

au 20 novembre 625. Voilà une époque astronomiquement déterminée.

Nous lisons aussi dans le *Journal asiatique*, cahier d'avril 1843, ce qui suit :

« Procope [1] nous apprend que, dans une assemblée de généraux romains,
» convoquée à Dara par Bélisaire, en 541 de Jésus-Christ, pour délibérer
» sur un plan de campagne, deux officiers qui commandaient un corps formé
» des garnisons de Syrie, déclarèrent qu'ils ne pouvaient suivre l'armée dans
» sa marche contre la ville de Nisibe, donnant pour raison que leur absence
» laisserait la Syrie et la Phénicie exposées aux incursions du roi des Arabes,
» Alamondar (Almoundhir III). Bélisaire démontra à ces officiers que leur
» crainte était mal fondée, parce que l'on approchait du solstice d'été, temps
» auquel les Arabes païens devaient consacrer deux mois entiers aux pra-
» tiques de leur religion, sans faire aucun usage de leurs armes. »

Or, les Arabes avaient dans l'année deux époques consacrées à leur culte, et dans lesquelles ils ne faisaient aucun usage de leurs armes. Ces deux époques étaient, l'une d'un mois de durée (le mois de *radjab*), l'autre de deux ou trois mois (*dhoul-câda*, *dhoul-hedja* et *moharram*). Laquelle de ces deux époques Procope avait-il en vue? La teneur du passage précédent semblerait indiquer que c'est la seconde, et que les deux mois dont il s'agit sont *dhoul-câda* et *dhoul-hedja;* mais un examen très-rigoureux nous démontre que cela ne peut pas être; et voici comment : si les deux mois de *dhoul-cada* et *dhoul-hedja* se sont réellement présentés à l'époque du solstice d'été, ils ont dû s'écouler, ou tous deux avant, ou l'un avant et l'autre après, ou, enfin, tous deux après le 20 juin 541, qui est l'époque de ce solstice; de sorte que la nouvelle lune, qui eut lieu le 10 juin 541 de Jésus-Christ, serait celle du mois de *dhoul-hedja*, de *dhoul-câda*, ou, enfin, celle du mois de *chawâl*.

Or, d'une part, le système de calendrier qui était alors en usage est l'un des cinq systèmes suivantes : intercalation de 9 mois dans une période de 24 années; intercalation de 7 mois dans 19 ans; celle d'un mois dans 3 ans; un mois dans 2 ans, ou, enfin, le système purement lunaire.

D'autre part, nous avons deux époques physiquement déterminées, savoir :

---

[1] Procope, *De Bello persico*, lib. II, cap. XVI.

1° le 27 janvier 632, date d'une éclipse solaire, qui correspond à la fin
d'un mois arabe *chawâl*, ou, ce qui revient au même, le 28 janvier 632,
qui était la nouvelle lune du mois de *dhoul-cada;* 2° le 20 novembre 625,
date d'une éclipse lunaire, qui tombait dans un mois arabe *djoumada II,* ou
bien le 6 novembre 625, qui était la nouvelle lune du mois de *djoumada II.*
Il faut donc, pour que le passage précédent de Procope soit vrai, qu'en
rétrogradant, soit à partir de la nouvelle lune de *dhoul-câda,* le 28 janvier
632, soit à partir de celle de *djoumada II,* 6 novembre 625, on tombe,
dans les deux cas, et dans un des cinq systèmes déjà mentionnés, sur un
même mois, *dhoul-hedja, dhoul-câda* ou *chawâl.* Or, le calcul nous montre
que cette condition n'est remplie par aucun des cinq systèmes. En effet, si
l'on part des deux époques certaines, la nouvelle lune du mois de *dhoul-*
câda correspondant au 28 janvier 632, et celle du mois de *djoumada II* ou
6 novembre 625, et si l'on rétrograde jusqu'au 10 juin 541, qui correspond
à un mois arabe incertain (considérant de plus que ces deux laps de temps
font successivement 33104 jours ou 1121 lunaisons, et 30830 jours ou
1044 lunaisons), on compte, dans le premier système intercalaire, d'une
part, 90 années et 8 ou 7 lunaisons, de l'autre 84 années et 5 ou 4 lunaisons; ce qui nous fait tomber sur *rabi I* ou *rabi II,* dans le premier cas, et sur
moharram ou *safar* dans le second.

Dans le deuxième système intercalaire, on compte également 90 années et
8 lunaisons, d'une part, et 84 et 5 mois de l'autre; ce qui nous fait tomber
sur le mois de *rabi I* dans le premier cas, et sur celui de *moharram* dans le
second.

Dans le troisième système intercalaire, on trouve 90 ans et 11 mois,
d'une part, et 84 et 8 mois de l'autre; de sorte qu'on tombe sur le mois de
dhoul-hedja dans le premier cas, et sur le mois de *chawâl* dans le second.

Dans le quatrième système intercalaire, on a 89 années et 9 mois, d'une
part, et 83 et 7 mois de l'autre; et l'on tombe, par conséquent, sur les deux
mois de *safar* et *dhoul-cada.*

Enfin, en suivant le système purement lunaire, on compte 93 années et
5 mois dans le premier cas, et 87 années justes dans le second; de sorte que
l'on tombe, dans les deux cas, sur le mois de *djoumada II.*

Le 10 juin 541 n'a donc pu être ni la nouvelle lune de *dhoul-hedja*, ni celle de *dhoul-cáda*, ni enfin celle de *chawâl*, ou, ce qui revient au même, les deux mois de *dhoul-hedja* et *dhoul-cáda* ne se sont pas présentés, en 541, à l'époque du solstice d'été.

Voyons à présent si Procope ne s'est pas trompé, et s'il n'a pas pris l'une des deux époques (*dhoul-cáda* et *dhoul-hedja*) pour l'autre (le mois de *radjab*); ou du moins, si ses copistes n'ont pas défiguré le passage précédent, en copiant δύο μάλιστα μῆνας, deux mois entiers, à la place de ἕνα μάλιστα μῆνα, un mois entier. Dans ce cas, la nouvelle lune du mois de *radjab* aurait eu lieu en 541, ou immédiatement avant le solstice d'été, ou immédiatement après; de sorte que le 10 juin 541, époque d'une nouvelle lune, serait, ou celle du mois de *radjab*, ou bien celle du mois de *djoumada II*. Or, pour que cela ait eu réellement lieu, il faut qu'en partant des deux époques certaines déjà mentionnées, et qu'en remontant jusqu'au 10 juin 541, l'on tombe, dans les deux cas, en suivant l'un des cinq systèmes, sur un même mois arabe, *radjab* ou *djoumada II*.

Le calcul nous montre, en effet, que cette condition se trouve rigoureusement remplie (le tableau de ce calcul est déjà donné plus haut). Il est donc certain que Procope prit l'époque des deux mois *dhoul-cáda* et *dhoul-hedja* pour celle du mois de *radjab*, si ses copistes ne l'ont pas toutefois mal copié.

Quelle est la conséquence de cela? La voici :

La nouvelle lune qui suit immédiatement le solstice d'été de l'année 541, étant celle du mois de *radjab*, et le temps écoulé entre cette époque, et chacune des deux autres déterminées par les éclipses, étant exclusivement compatible avec le système purement lunaire, c'est donc ce même et unique système qui était certainement alors en usage parmi les Arabes, un siècle environ avant que le législateur de l'islamisme abolît le *nací*.

L'existence du mois de *radjab* immédiatement après le solstice d'été de 541, se vérifie également par les deux époques qui font l'objet des 2me et 3me documents.

Ainsi, nous avons cinq époques déterminées chacune d'une manière indépendante des autres, et qui, combinées deux à deux, donnent dix résultats ou laps de temps dont l'écoulement se trouve exclusivement conforme au système purement lunaire. L'accord parfait de tous ces résultats est assurément une preuve certaine de l'erreur de ceux qui ont admis l'usage d'un calendrier luni-solaire chez les Arabes païens. Sans aller même plus loin, la comparaison seule de l'époque de l'éclipse solaire avec celle de l'éclipse lunaire est une preuve mathématique de l'usage du calendrier lunaire vague chez ce peuple.

Je conclus donc, en résumant, que les Arabes, avant comme après l'islamisme, ne se sont servis que d'un calendrier purement lunaire.

Age du prophète Mohammad.

Mohammad est mort le 12 du mois de *rabi I* de l'an 11 de l'hégire, d'après l'opinion la plus accréditée et généralement admise. Ce jour tombe au commencement du mois de juin 632 de Jésus-Christ; c'était, dit-on, un lundi; or, la nouvelle lune ou la conjonction vraie eut lieu le dimanche 24 mai, 9 heures environ après midi moyen de Médine; de sorte qu'on ne put voir la nouvelle lune à l'œil nu que le mardi au soir; donc le mois arabe *rabi I* commença le mercredi 27 mai. Le 12 de ce mois tombe un dimanche 7 juin. Mohammad mourut donc ou le dimanche 12 *rabi I* (7 juin 632), ou le lundi 13 *rabi I* (8 juin 632). Et comme la naissance du législateur eut lieu, d'après le troisième document, le 20 avril 571, et que du 20 avril 571 au 7 juin 632, on compte 22329 jours, Mohammad a donc vécu ce nombre de jours, ce qui fait 61 années solaires, plus 48 jours, ou bien 63 années lunaires vagues et 3 jours.

Les traditions que Boukhari et Mouslim rapportent sur ce sujet font vivre le prophète 60, 63 ou 65 années. Le chiffre de 63 a été adopté par la majorité des écrivains anciens et par l'unanimité des modernes. Almasoudi, après avoir donné toutes les traditions qui ont été rapportées sur l'âge de Mohammad, dit [1] :

« Nous avons trouvé que la postérité de Mohammad et de ses parents ne » lui donnait que 63 années d'existence. »

---

[1] *Mouzoudj-el-Dhahad*, nᵒ 715, supplément arabe, fol. 179 et suiv.

Cet accord que l'on remarque entre les traditions généralement adoptées et le résultat précédent ne justifie-t-il pas encore notre conclusion sur l'usage d'une année purement lunaire avant l'islamisme?

Avant de terminer, disons quelques mots sur l'époque de la mission prophétique de Mohammad.

Les traditions de Boukhari et de Mouslim, ainsi que les témoignages des historiens s'accordent (sauf quelques rares exceptions) à fixer le commencement de la mission prophétique de Mohammad 40 ans après sa naissance; or, Mohammad est né, d'après mes calculs, le 20 avril 571; si l'on compte 40 années lunaires ou 14174 jours à partir de cette époque, on tombe dans le commencement du mois de février de l'année 610 de Jésus-Christ. Ce fut donc en février, c'est-à-dire dans l'hiver de l'année 610 que Mohammad reçut sa mission. Le 1er verset de la 74me surah : « O toi qui es enveloppé dans » tes vêtements, lève-toi et va prêcher les hommes, » qui lui avait annoncé sa mission divine, ne montre-t-il pas, par son énoncé même, qu'il lui a été révélé dans les rigueurs de l'hiver [1] ?

S'il en est ainsi, ce serait un autre témoignage pour justifier l'usage du calendrier purement lunaire parmi les Arabes païens.

---

[1] Les commentateurs du Coran disent, les uns que Mohammad s'était enveloppé dans son manteau, à la suite d'une nouvelle fâcheuse que ses ennemis les Coraïchites avaient fait courir; les autres, qu'il s'était endormi enveloppé dans son manteau. Mohie-el-Dine Ebn-al-Arabi dit : c'est à cause du froid que le prophète éprouvait après la révélation qu'il s'enveloppa dans ses vêtements.

APPENDICE.

Les noms des mois qui étaient en usage parmi les Arabes païens, lors de l'apparition de l'islamisme, sont encore les mêmes aujourd'hui, savoir :

```
Moharram . . . . . . . . . . . . . . . . . .  1er mois
Safar. . . . . . . . . . . . . . . . . . . .  2me  »
Rabi I . . . . . . . . . . . . . . . . . . .  3me  »
Rabi II . . . . . . . . . . . . . . . . . . . 4me  »
Djoumada I . . . . . . . . . . . . . . . . .  5me  »
Djoumada II . . . . . . . . . . . . . . . . . 6me  »
Radjab . . . . . . . . . . . . . . . . . . .  7me  »
Chabân . . . . . . . . . . . . . . . . . . .  8me  »
Ramadhan . . . . . . . . . . . . . . . . . .  9me  »
Chawâl . . . . . . . . . . . . . . . . . . . 10me  »
Dhoul-câda. . . . . . . . . . . . . . . . . 11me  »
Dhoul-hedja . . . . . . . . . . . . . . . . 12me  »
```

Quatre de ces mois, *radjab, dhoul-câda, dhoul-hedja* et *moharram* étaient considérés, depuis un temps immémorial, comme sacrés ou inviolables; de sorte que toute espèce d'hostilité devait cesser pendant ce laps de temps de l'année. « C'était, comme le dit M. Caussin de Perceval, une espèce de trêve de Dieu, sagement instituée chez un peuple avide de guerre, de pillage et de vengeance. Elle contribuait à empêcher les diverses tribus de s'entre-détruire, et donnait au commerce quelques moments fixes de sécurité. »

Il y avait donc deux époques différentes dans l'année arabe où toute hostilité devait cesser : c'étaient le mois de *radjab,* d'une part, et ceux de *dhoul-câda, dhoul-hedja* et *moharram* de l'autre. Or, l'inaction, pendant trois mois consécutifs, parut pénible à ce peuple actif, qui ne vivait, pour ainsi dire, que de pillage.

Pour satisfaire à ses instincts belliqueux et à son ambition, on établit ce qu'on appelle le *naci*, c'est-à-dire l'ajournement de l'observance d'un mois sacré à un autre mois non sacré.

De temps en temps, on remettait le privilége sacré du mois de *moharram* au mois suivant, *safar;* de sorte que l'on avait seulement deux mois consécutifs sacrés au lieu de trois. Voici ce qu'Almasoudi nous dit à ce sujet (*voir* Mouroudj-Aldhahab[1], chapitre de l'histoire de la Mekke) :

« Les Naçaa[2] étaient de la tribu des enfants de Mâlik, fils de Kinânah ; le
» premier était Hodhaïfah, fils d'Obaïd, et ensuite son fils Kal, fils de Hod-
» haïfah ; celui-ci a vu naître l'islamisme. Le dernier des Naçaa est Abou-
» Temâmah.

» Quand les Arabes avaient accompli la cérémonie du pèlerinage, ils se
» rassemblaient, avant de s'en aller, autour du *nâci*. Celui-ci se levait, et
» il disait : Mon Dieu, je déclare non sacré l'un des deux *safars,* et je
» remets l'autre à l'année prochaine.

» L'islamisme parut lorsque les mois sacrés avaient repris leur place
» primitive dans l'année; c'est là le sens de la parole du prophète : Le
» temps est redevenu tel qu'il était le jour où Dieu créa les cieux et la terre.
» Ce que dit le législateur dans ce hadith fut révélé par Dieu même dans
» ce verset du Coran : Le *naci* est un surcroît d'infidélité. Umaïr, fils de
» Kaïs, dit, en se glorifiant : N'est-ce pas nous qui autorisions la remise
» des mois parmi les enfants de Maadd, qui leur ordonnions de tenir pour
» sacrés les mois qui étaient profanes ? »

Les noms que nous avons déjà cités ont été, dit-on, donnés aux mois arabes dans le temps de Kilab, fils de Morra, un des aïeux de Mohammad, deux siècles environ avant l'islamisme. Les noms que ces mois avaient anciennement ne nous sont pas connus d'une manière positive; Almasoudi nous en donne, dans le *Mouroudj-el-Dhahab,* les dénominations suivantes, qui sont, en commençant par *moharram : natik,* 1er mois; *thakil,* 2me mois, *talik,* 3me mois; *nadjir,* 4me mois, *aslakh* ou *asmâkh,* suivant les différents manuscrits, 5me mois; *amnah,* 6me mois; *ahlak,* 7me mois; *kasa,* 8me mois;

---

[1] Manuscrit arabe n° 715, fol. 116 verso du supplément.
[2] *Naçaa* est le pluriel de *nâci;* le *nâci* est l'homme qui pratique le *naci.*

zaher, 9ᵐᵉ mois; *bart* ou *mart*, 10ᵐᵉ mois; *harf* ou *na-ïs*, 11ᵐᵉ mois; *naas* ou *meris*, 12ᵐᵉ mois.

Albirouny paraît avoir été plus instruit qu'Almasoudi dans cette matière : voici ce qu'il en dit dans le *Kitab-el-Athar :*

« Les mois arabes avaient eu d'autres noms par lesquels les anciens les
» désignaient, ce sont : *moutamer, nadjir, khawan, ssawan, hennin,*
» *ronna, assamm, adel, natik, waghel, hewah* et *barak.* »

Cet auteur ajoute ensuite :

« Quelquefois on rencontre ces noms avec un peu de changement, soit
» dans les dénominations elles-mêmes, soit dans leur ordre propre, comme
» on le voit dans ces vers anciens :

> » Par *moutamer* et *nadjir* nous commençons notre année.
> » Nous faisons suivre au mois de *kawan* celui de *ssawan.*
> » Ensuite viennent *robba, baïdah* et *assamm* dans lequel on n'entend point le bruit
> » des armes.
> » *Waghel, natel* et *adhel,* ensuite *rannah* et *barack,* complètent le nombre des mois
> » de l'année qui sont faciles à retenir. »

Le même auteur donne une troisième série de dénominations qui ne diffère de la première que par le changement du nom du onzième mois, *hewah* en celui de *rannah.*

Enfin, en consultant, de plus, les dictionnaires arabes pour ces noms, on conclut que les Arabes païens appelaient le mois de moharram, *moutamer ;* celui de safar, *nadjir ;* rabi I, *khawan ;* rabi II, *ssawan ;* djoumada I, *hennin* ou *robba* [1]; djoumada II, *ronna* ou *baïdah ;* radjab, *assamm ;* chabân, *waghel* ou *waïl,* ou enfin *adhel ;* ramadhan, *natik* ou *nattel ;* chawâl, *wool* ou *woghl,* ou *adhel ;* dhoul-càda, *hewah* ou *rannah ;* enfin, le mois de dhoul-hedja s'appelait *barak.*

Parmi ces noms on en distingue quatre qui ont des rapports avec la nature des quatre saisons. On a, en première ligne, le mot *nadjir,* donné par Masoudi pour le quatrième mois de sa série, et par Albirouny pour le second.

---

[1] *Robba* était également le nom commun des deux *djoumada.*

Nadjir veut dire *excessivement chaud ;* Albirouny cite à l'appui de cela,
une tradition très-ancienne faite en vers de deux hémistiches. La voici :
« L'homme altéré dans le mois de *nadjir* trouverait si agréable l'eau crou-
» pissante et corrompue qu'il n'osait naguère aborder [1]. »

Le mois de *nadjir*, à l'époque où il a reçu son nom, devait donc tomber
en plein été ; de sorte que *moutamer*, *nadjir* et *khawan* ont dû être les trois
mois de l'été.

Les trois mois suivants, *ssawann*, *robba* et *baïdach*, seront ceux de l'automne. En effet, on distingue le caractère de cette saison par la signification
du mot *robba*, qui dérive ou de *rabab*, qui veut dire grande quantité d'eau,
ou bien de *rabábah*, qui signifie nuage qui change de nuance, qui paraît tour
à tour blanc ou noir.

Les septième, huitième et neuvième mois, savoir : *assamm*, *waghel* et
nattel, qui doivent avoir été ceux de l'hiver, ont également, dans le mois
de *nattel*, quelque chose qui caractérise l'hiver ; car *nattel* signifie celui qui
puise de l'eau d'une rivière, d'un puits ou autre source, pour le verser ail-
leurs, dans l'intention d'arroser la terre, ou pour une autre destination.

Enfin, le printemps se trouve caractérisé par le premier des trois derniers
mois, *adel*, *hewah* et *barak ;* car *adel* est celui qui égalise, qui observe l'éga-
lité, qui met autant d'un côté que de l'autre. C'est donc parce que ce mois-là
tombait, lors de la nomenclature, à l'époque de l'équinoxe du printemps, où
les jours égalent les nuits, qu'on l'a nommé *adel*, ou égalisateur.

On remarque également des rapports entre les saisons et les noms de quelques-uns des mois modernes, *moharram*, *safar*, *rabi*, etc. : car *ramadhan*
signifie grande chaleur ; *rabi*, pluie printanière, végétation printanière, etc. ;
et enfin *djoumada* veut dire sec, et *djamád*, desséché, à cause du manque
de pluie. La racine *djamada* veut dire geler, et *djoumadi*, froid glacial.

Ces rapports frappants entre les noms des mois, soit anciens, soit nouveaux, et les saisons indiquent-ils que les mêmes mois appartiennent à une
année luni-solaire ? Pour les mois anciens, les témoignages unanimes de tous

[1] Cette traduction est un peu libre ; je ne sais même pas si j'en ai bien saisi le sens. Voici, du
reste, la traduction littérale : « L'homme se cache la figure à l'aspect d'une eau croupissante et
corrompue ; mais si l'homme altéré, dans le mois de *nadjir*, goûtait cette même eau....! »

les écrivains (historiens ou autres), l'absence complète de toute tradition affirmative, et le caractère nomade des Arabes de cette époque, qui connaissaient à peine l'agriculture, tout enfin porte à croire que ce peuple ne se servait que d'une année purement lunaire. Ces rapports ne peuvent donc pas prouver que les mois *nadjir... robba... nattel...* et *adel...* appartiennent à une année luni-solaire ou agronomique. Les Arabes auraient simplement lié ces mois avec les circonstances atmosphériques ou autres, pour l'année de la nomenclature, sans porter leur vue plus loin, et sans remarquer qu'après dix-sept ans, les mois d'été passeraient en hiver, et *vice versâ.* Cela étant, les nouveaux mois, *rabi, djoumada* et *ramadhan,* etc., peuvent-ils avoir été à leur tour institués pour former une année agronomique? Il me semble que non; car nous venons de voir que les mois anciens, malgré leur intime relation avec l'année agronomique, ne se rapportent qu'à une année lunaire vague. Il n'y a donc point de raison d'attribuer le nouveau système des mois à une année luni-solaire. Cependant, nos meilleurs historiens prétendent le contraire. Ici on peut se demander sur quoi ces historiens fondent leur prétention, et s'ils ne se sont point copiés les uns les autres : ceci est une question importante.

Je réponds affirmativement à ce dernier point. La preuve en est très-simple; elle consiste dans la comparaison des passages que ces historiens donnent sur ce sujet. M. Caussin de Perceval a déjà remarqué [1] que Makrisi avait copié Albirouny presque textuellement. Albirouny à son tour, ainsi que Mohammad-al-Charcaci, a copié l'auteur de *Kitab-el-Oulouf,* Abou Mâchar [2], le plus ancien des écrivains qui ont parlé de cette matière, et dont l'écrit nous est parvenu. Aboul-Féda copia Masoudi.

Les passages de Makrisi, de Mohammad-al-Charcaci et d'Aboul-Féda sont insérés dans le mémoire de M. Silvestre de Sacy, tome XLVIII des *Mémoires de l'Académie des inscriptions et belles-lettres;* celui d'Albirouny est en partie dans le mémoire de M. Caussin de Perceval, *Journal asiatique,* 1843,

---

[1] Voir le mémoire de M. Caussin de Perceval, sur le calendrier arabe avant l'islamisme, *Journal asiatique,* 1845, cahier d'avril.

[2] Masoudi parle d'Abou-Mâchar dans le *Mouroudj-el-Dhahab,* composé l'an 534 de l'hégire. Abou-Mâchar mourut, d'après Ebn-Kallicân, en l'an 272 de l'hégire.

cahier d'avril. Quant au passage d'Abou-Mâchar, il n'est inséré nulle part, du moins à ma connaissance; aussi je m'empresse de le donner, parce qu'il est le plus ancien écrit sur le sujet qui nous occupe, et pour pouvoir le comparer aux autres, qui n'en sont, à la vérité, que des reproductions.

Je n'ai pas copié ce passage du *Kitab-el-Oulouf* même, mais je le donne d'après l'ouvrage intitulé : *Kitab Montaha-el-Idrak*. L'auteur dit l'avoir copié du *Kitab-el-Oulouf*, par Abou-Mâchar. Ce manuscrit porte le n° 1115, ancien fonds de la Bibliothèque impériale de Paris. (Le passage est dans le VIIIme chapitre, dans lequel on parle de l'ère de l'hégire.)

En voici la traduction :

« Les Arabes païens se servaient de l'année lunaire; ils comptaient leurs
» mois d'après l'apparition du croissant, comme le font les Musulmans. Leur
» pèlerinage était fixé dans le dixième jour du mois de *dhoul-hedja* : cette
» époque ne tombait pas toujours dans la même saison. Quelquefois c'était
» en été, d'autres fois en hiver et dans les deux autres saisons. La raison
» en est la différence qui existe entre l'année solaire et l'année lunaire. Vou-
» lant que l'époque du pèlerinage tombât au moment où ils faisaient leur
» commerce, que l'air fut tempéré, choisissant l'époque même où poussent
» les feuilles des arbres et où le fourrage est abondant pour se faciliter le
» voyage à la Mekke, et afin qu'ils y fissent leur commerce, tout en s'ac-
» quittant de leur acte de dévotion, les Arabes apprirent l'embolisme des
» Juifs, et ils le nommèrent *alnaci* ou *le retard*. Cependant ils ne suivaient
» pas exactement la computation des Juifs : ceux-ci intercalaient sept mois
» lunaires dans dix-neuf années lunaires pour avoir dix-neuf années solaires,
» tandis que les Arabes intercalaient douze mois lunaires dans vingt-quatre
» années lunaires. Ils avaient choisi pour cette opération un homme des en-
» fants de Kinânah; on l'appelait *alkalammas :* ses enfants, investis de ce
» privilége, se nommaient *kalâmesah ;* ils étaient également appelés *nasaa.*
» *Kalammas* veut dire *grosse mer.* Le dernier de ses enfants qui avait exercé
» cette fonction est Abou-Temâmah Djenâdah, fils de Auf, fils de Omaiah,
» fils de Kala, fils de Abbâd, fils de Kala, fils de Hodhaïfah. Le *kalammas*
» haranguait le peuple rassemblé à Arafat, après la cérémonie du pèlerinage.
» Il commence quand le pèlerinage tombe dans le mois de *dhoul-hedja,*

» et il ajourne *moharram*, sans le compter parmi les douze mois de l'année;
» de sorte que *safar* devient le premier mois de l'année et *moharram* le
» dernier; celui-ci prend alors la place de *dhoul-hedja*, et l'on y célèbre le
» pèlerinage deux années consécutives. La troisième année, après le pèle-
» rinage, le *kalammas* harangue le peuple, et il ajourne *safar*, dont il
» avait fait le premier mois des deux années précédentes. Le mois de *rabi I*
» devient ainsi le premier mois de la troisième et de la quatrième année;
» de sorte que le pèlerinage tombe, pour ces deux années, dans le mois de
» *safar*, qui devient le dernier de leurs mois. Le *kalammas* continue cette
» œuvre tous les deux ans, jusqu'à ce que *dhoul-hedja* tombe, dans les vingt-
» troisième et vingt-quatrième années, le premier mois de l'année, et qu'il
» porte le nom de *moharram*. Le pèlerinage tombe, dans ces deux années,
» au mois de *dhoul-cáda*, qui en est le dernier. Ensuite, dans la vingt-cin-
» quième année, *moharram* redevient le premier mois, le pèlerinage retombe
» dans *dhoul-hedja*, et le tour recommence de la même manière. Les Arabes
» comptaient tous les deux ans, vingt-cinq mois.

» L'année de l'hégire se trouvait la seizième année de la dernière pé-
» riode. Cette année-là commençait par *chában* et finissait par *radjab;* et
» c'est pendant ce dernier mois que le pèlerinage eut lieu; car les Arabes
» observaient cela. La vingt-troisième année de cette période commença
» par *dhoul-hedja;* elle était l'an 8 de l'hégire, et ce fut cette année que la
» Mekke fut prise par les Musulmans, le 13 ou le 17 du mois de *ramadhan*.
» Le prophète n'a pas fait le pèlerinage cette année, parce qu'il tomba dans
» *dhoul-cáda;* mais dans la vingt-cinquième année, dixième de l'hégire,
» *moharram* redevenant le premier mois, le législateur a accompli son pèle-
» rinage le 10 du mois de *dhoul-hedja*, suivant l'ordre des noms des mois.
» Ce pèlerinage fut nommé *le pèlerinage d'adieu*. Le prophète harangua le
» peuple et lui ordonna ce que Dieu voulut. Il dit dans cette harangue : Le
» temps est redevenu tel qu'il était lors de la création des cieux et de la terre,
» voulant dire par là que les noms des mois sont redevenus tels qu'ils étaient
» au commencement du temps. Il leur défendit de se servir du *naci* dans leur
» année. Par là leurs années et leurs mois sont devenus, jusqu'à nos jours,
» mobiles dans les quatre saisons, savoir : le printemps, l'été, l'automne et

» l'hiver. Voilà ce que nous avons copié de *Kitab-el-Oulouf*, d'après le récit
» d'Abou-Mâchar. »

» Abou-Mâchar ajoute encore dans le même ouvrage que, selon quelques
» narrateurs, les Arabes païens intercalaient 9 mois lunaires dans 24 années
» lunaires ; ils portaient leur vue sur la différence de 10 jours, 21 heures et
» une cinquième partie environ de 1 heure, qui existe entre leur année et
» l'année solaire, pour ajouter à leur année un mois entier, chaque fois qu'il
» s'accumulait de cette différence de quoi faire un mois ; cependant ils
» opéraient, d'après la considération que cette différence n'était que de 10
» jours et 20 heures : leurs mois étaient conséquemment immobiles dans les
» saisons, indiquant toujours les mêmes époques dans l'année, jusqu'à ce que
» le prophète fît son pèlerinage d'adieu. Alors, les significations de leurs noms
» devinrent inapplicables ; car ces noms dérivaient (dans l'origine) des cir-
» constances relatives aux époques de ces mois qui, devenant mobiles, ne
» pouvaient plus s'accorder avec les mêmes circonstances. Le premier mois
» est *moharram*, qui veut dire *sacré* ; il fut ainsi nommé, parce qu'il est un
» des quatre mois sacrés chez les Arabes. Ces quatre mois, dont un est isolé
» et les trois autres consécutifs, sont *dhoul-cáda, dhoul-hedja, moharram* et
» *radjab*. La guerre était interdite pendant ces quatre mois ; il n'était permis
» à personne de lever les armes contre quelqu'un, fût-il même l'assassin de
» ses parents. *Safar* (qui veut dire *jaune*, selon cet auteur) fut ainsi nommé,
» parce qu'une maladie qui jaunissait le teint venait frapper les Arabes à
» cette époque de l'année. *Rabi I* et *rabi II* (qui veut dire *printemps*) furent
» ainsi nommés, parce qu'ils arrivaient en automne et que les Arabes appe-
» laient l'automne printemps. Quant aux *djoumada I* et *djoumada II* (gelée),
» ils furent ainsi nommés, parce qu'ils venaient en hiver, quand l'eau gèle.
» *Radjab* (abstinence, selon cet auteur [1]) fut ainsi nommé, parce que les
» Arabes disaient en ce mois : *erdjebou,* c'est-à-dire abstenez-vous de faire
» la guerre. *Chában* (dispersion) fut ainsi nommé, parce que les tribus se
» dispersaient dans ce mois pour aller chercher les eaux et pour faire des
» incursions. *Ramadhan* (grande chaleur) fut ainsi nommé, parce qu'il tom-

[1] Le sens qu'on trouve dans les dictionnaires est *crainte*, avec l'idée de respect et de véné-
ration.

» bait quand la chaleur commençait et que la terre se réchauffait. *Chawâl*
» (départ ou accouplement), fut ainsi nommé, parce que les Arabes disaient
» *choulou*, voulant dire *partez;* ou parce que c'était l'époque de l'accou-
» plement des chameaux; c'est là la cause pour laquelle les Arabes n'auto-
» risaient pas le mariage à cette époque. Quant à *dhoul-câda* (repos), il a été
» ainsi nommé parce que les Arabes, dans ce mois, se reposaient des fatigues
» de la guerre; *dhoul-hedja* (pèlerinage), parce qu'il était le mois du pèle-
» rinage.

» Les mois étaient ainsi partagés suivant les quatre saisons; leurs noms
» dérivaient des circonstances propres à chacun d'eux. Les Arabes commen-
» çaient par l'automne; ils l'appelaient *printemps*. Venaient ensuite l'hiver et
» le printemps; le printemps était appelé *été;* quelques-uns l'appelaient *second*
» *printemps*. L'été était appelé *kaïdh* (été rigoureux).

» Quand le *naci* fut aboli, les mois ne pouvaient plus tomber aux mêmes
» époques dans les saisons; leurs noms restèrent seuls en usage dans l'isla-
» misme. »

Avant d'examiner ce long passage d'Abou-Mâchar, et pour pouvoir en tirer
parti, j'ai cru devoir donner ce que Albirouny dit sur ce sujet. Cet auteur est
également très-ancien; il mourut, d'après la biographie de Hadj-Khalifah,
en l'an 330 de l'hégire. Il paraît avoir fait beaucoup de recherches : tout en
reproduisant les idées d'Abou-mâchar, il donne les traditions anciennes sur
lesquelles le système intercalaire paraît avoir été basé. Albirouny parle de ce
sujet dans deux endroits de son ouvrage intitulé : *Kitab-el-Athar.* Dans le
premier il dit :

« Les Arabes païens réglaient leurs années comme les Juifs; ils portaient
» leur vue sur la différence de 10 jours, 21 heures et $\frac{1}{5}$ d'heure, existant
» entre leur année et l'année solaire; ils ajoutaient à leur année un mois,
» chaque fois qu'il s'accumulait de cette différence de quoi faire un mois
» complet; cependant ils faisaient leur calcul comme si la différence de deux
» années n'était que de 10 jours et 20 heures seulement. Ceux qui étaient
» chargés de cette opération étaient les *naçaä*, choisis parmi les enfants de
» Kinânah; ils s'appelaient *kalames*, dont l'un est *kalammas*, ou *grosse mer;*
» ils sont : Aboutemâmah, Djenâdah, fils de Auf, fils d'Omeïah, fils de Kala.

» fils de Abbâd, fils de Kala, fils de Hodheïfah; ils étaient tous des *naçaa*.

» Le premier qui ait exercé cette fonction, était Hodheïfah, qui est Ebn-
» Abd-Fokaïm, fils d'Adi, fils de Amer, fils de Thalabah, fils de Malik, fils
» de Kinânah. Le dernier fut Abou.-Temâmah. Un de leurs poëtes dit :
» Fokaïm était appelé *kalammas ;* il réglait les affaires religieuses ; il était chef
» obéi. Un autre poëte dit : C'est lui, parmi les enfants de Kinânah, qui réglait
» les mois ; il était respecté et honoré dans sa dignité ; il a passé ainsi tout son
» temps. Un autre dit : Quand la différence entre l'année solaire et l'année
» lunaire s'accumulait, il l'additionnait pour en faire un mois complet.

» Il avait appris cela des Juifs, deux siècles environ avant l'islamisme.
» Cependant les Arabes intercalaient 9 mois dans chaque période de 24 ans.
» Leurs mois étaient immobiles dans les saisons ; ils ne retardaient ni n'avan-
» çaient sur leurs époques, jusqu'à ce que le prophète fît son pèlerinage
» d'adieu, et qu'il reçût du ciel le verset suivant : Le *naci* est un surcroit
» d'infidélité, etc. Alors il harangua le peuple et dit : Le temps est redevenu
» tel qu'il était lorsque Dieu créa les cieux et la terre. Il leur lut le verset
» précédent pour abolir le *naci,* qui est l'embolisme. Ils l'ont abandonné
» ainsi, et leurs mois cessèrent de correspondre aux mêmes époques : leur
» signification devint fautive. »

Le second passage d'Albirouny est le suivant :

« Anciennement, les Arabes païens se servaient de leurs mois de la même
» manière que les Musulmans. Leur pèlerinage était mobile ; il se transpor-
» tait d'une saison à une autre. Voulant faire leur pèlerinage à l'époque de la
» maturité de leurs denrées et de leurs produits, tels que les cuirs, les peaux,
» les fruits...., etc.; voulant qu'il restât invariable dans la meilleure et la plus
» abondante saison, les Arabes empruntèrent l'intercalation, deux siècles
» environ avant l'hégire, des Juifs qui les avoisinaient. Ils se servirent de
» l'embolisme de la même manière que les Juifs, c'est-à-dire qu'ils interca-
» laient un mois chaque fois qu'il y avait de quoi ajouter un mois par suite
» de l'accumulation de la différence existant entre leur année et l'année
» solaire [1]. Les *kalames,* parmi les enfants de Kinânah, avaient seuls le pri-

[1] Je crois que c'est ce passage qui a suggéré à Hadj-khalifa l'idée que les Arabes païens intercalaient, comme les Juifs, 7 mois dans 19 ans.

» vilége de régler et d'exercer cet ordre; ils haranguaient le peuple, après
» la cérémonie du pèlerinage, et ils intercalaient le mois en donnant son
» nom au mois suivant. Les Arabes l'admettaient alors. Cette opération a été
» appelée le *nacî* (l'intercalation); car ils intercalaient un mois au com-
» mencement de l'année, tous les deux ou trois ans, selon ce qu'exigeait
» l'avance. Un ancien poëte dit : Nous avons un *nacî* sous l'ordre duquel nous
» marchons; il déclare profanes les mois sacrés, et il sanctifie les profanes,
» quand il le veut.

» Le premier *nacî* était pour *moharram*; *safar* fut alors appelé *mohar-*
» *ram*; *rabi I*, *safar*, et ainsi de suite pour tous les mois.

» Le second *nacî* était pour *safar*; de sorte que le mois suivant, *rabi I*,
» fut appelé *safar*, et ainsi de suite. Le mois du *nacî* se transportait donc de
» mois en mois dans les douze mois de l'année, jusqu'à ce qu'il revint au
» mois de *moharram* (après douze intercalations); alors ils recommençaient
» la même opération. Les Arabes comptaient les périodes du *nacî*, et ils
» s'en servaient dans leur chronologie; ils disaient, par exemple : Les an-
» nées firent une période, ou une révolution, de telle époque à telle époque.

» Si les Arabes s'apercevaient que, malgré l'embolisme pratiqué, ils allaient
» se trouver en avance d'un mois sur une saison quelconque par suite de
» l'accumulation des fractions[1] de l'année solaire et du restant[2] de la diffé-
» rence entre cette année et l'année lunaire à laquelle cette différence était
» ajoutée, ils faisaient une seconde intercalation; le lever ou le coucher des
» étoiles qui occupent les mansions de la lune leur permettaient de connaître
» cet écart. Les Arabes continuèrent ce mode d'embolisme; le tour du mois
» intercalaire tomba, l'année de l'hégire, sur *châban*. Ce mois fut nommé
» alors *moharram*; *ramadhan* fut appelé *safar*. Le prophète dut donc atten-
» dre la fin de la période pour accomplir le pèlerinage d'adieu dans lequel
» il harangua le peuple, et dit : Le temps est redevenu tel qu'il était lorsque

---

[1]. La fraction dont il s'agit ici ne peut être que celle qui reste d'une intercalation régulière
d'un mois toutes les trois années. Ce passage paraît, au reste, comme l'a déjà fait remarquer
M. Caussin de Perceval, en contradiction avec le reste.

[2] Ce restant est sans doute la petite fraction d'une heure et un cinquième qu'on avait né-
gligée.

» Dieu créa les cieux et la terre, voulant dire par là que les mois reprirent
» chacun leur place primitive, et qu'ils ne sont plus affectés des altérations
» que les Arabes leur faisaient subir. »

La seule comparaison des passages de Makrisi et de Mohammad-Charcaci,
dont nous avons déjà parlé, avec ceux d'Abou-Mâchar et d'Albirouny que
nous venons de donner, montre clairement que ces auteurs se sont copiés
les uns les autres. De plus, en jetant les yeux sur le passage suivant de Masoudi, on verra facilement qu'Aboul-Féda a copié cet auteur :

« Les Arabes païens intercalaient un mois toutes les trois années; ils appe-
» laient ce mois-là le *naci*, ou retard. Dieu blâme cette action lorsqu'il dit :
» Le *naci* est un surcroît d'infidélité [1]. »

Masoudi me parait avoir puisé cette idée dans la phrase suivante du passage d'Albirouny que nous venons de rapporter :

« Si les Arabes s'apercevaient que, malgré l'embolisme pratiqué, ils allaient
» se trouver en avance d'un mois sur une saison quelconque, par suite de
» l'accumulation des fractions de l'année solaire et du restant de la différence
» entre cette année et l'année lunaire à laquelle cette différence était ajoutée,
» ils faisaient une seconde intercalation. » Car ce passage ne peut se rapporter qu'à une intercalation régulière d'un mois tous les trois années.

On voit par là que tous les historiens ont puisé leurs idées sur l'embolisme,
et leur mode d'intercalation dans Albirouny ou dans Abou-Mâchar. L'autorité de l'usage d'une année luni-solaire parmi les Arabes païens se trouve
donc réduite à celle d'Abou-Mâchar et d'Albirouny. Or, en lisant avec un peu
d'attention les passages de ces deux écrivains, l'on voit que ni l'un ni l'autre
n'étaient sûrs de ce qu'ils avançaient; les paragraphes qui touchent de près
au sujet principal sont empreints du cachet de l'incertitude : Abou-Mâchar
prétend d'abord, sans dire sur quoi cette prétention est basée, que les Arabes
païens intercalaient un mois tous les deux ans, et plus loin, il dit : « Selon
» quelques narrateurs, les Arabes païens intercalaient 9 mois dans chaque
» période de 24 années..., etc. » Albirouny, à son tour, admet d'abord une
intercalation de 9 mois en 24 ans. Plus loin, il donne deux paragraphes

<hr>

[1] Voir *Mouroudj-el-Dhahab*, n° 715, fol. 154, supplément arabe.

(que j'ai annotés), dont le premier exige une intercalation identique à celle des Juifs, savoir, 7 mois dans chaque période de 19 ans; le second, l'admission d'une intercalation régulière d'un mois dans chaque période de 3 ans.

L'embarras de ces deux écrivains, pour le choix du mode d'intercalation, doit affaiblir, pour ne pas dire annuler leur autorité, quant à l'attribution aux Arabes païens de l'usage d'une année embolismique.

Quoi qu'il en soit, voyons quelles sont les traditions sur lesquelles ces deux anciens écrivains basèrent ce système de calendrier embolismique. Ces traditions se trouvent renfermées dans le premier passage d'Albirouny. Elles sont au nombre de trois, savoir :

1° « Quand la différence entre l'année solaire et l'année lunaire s'accu-» mulait, il l'additionnait pour en faire un mois complet.

2° » Le temps est redevenu tel qu'il était le jour où Dieu créa les cieux » et la terre.

3° » Le *naci* est un surcroît d'infidélité..... »

On a, à l'appui de ces trois traditions, les rapports existant entre les noms des mois et les saisons.

Or, par ces rapports, les Arabes pourraient bien n'avoir eu en vue que l'année de la dénomination, sans regarder plus loin, comme cela eut lieu à l'égard des mois anciens.

Le troisième point : « Le *naci* est un surcroît d'infidélité, » n'est pas non plus une preuve de l'emploi d'une année embolismique parmi les Arabes païens; car le mot *naci* signifie la remise de l'observance d'un mois sacré à un mois profane, de l'aveu de tous les commentateurs du Coran et des lexicographes, lesquels sont les plus compétents [1].

Pour le second point : « Le temps est redevenu tel qu'il était le jour où » Dieu créa les cieux et la terre, » il faut chercher s'il n'y avait pas, à l'époque du pèlerinage d'adieu, une certaine circonstance chronologique qui puisse nous être utile pour bien saisir le sens que le prophète a voulu attacher au passage susdit.

---

[1] Le mot *naci*, d'après les démonstrations que j'ai données de l'usage du calendrier purement lunaire chez les Arabes païens, ne peut, en effet, signifier autre chose que la remise de l'observance d'un mois sacré à un autre.

Le calcul nous fait connaître la particularité suivante, qui a une intime liaison avec la tradition dont il s'agit. Le dernier mois de l'an 10 de l'hégire, le mois de *dhoul-hedja*, coïncida, à cette époque, avec le dernier mois de l'année religieuse chez les Juifs, de sorte que le mois de *moharram*, qui allait ouvrir l'an 11 de l'hégire, a été le même que le mois de *nisan*, par lequel a dû commencer l'année religieuse juive.

Les pères des Israélites et des Arabes, Isaak et Ismaïl, fils du patriarche Abraham, se servaient, ainsi que leur père, selon toute probabilité, de l'année lunaire vague. Le cours des mois de cette année fut interrompu par l'intercalation introduite par le peuple de Dieu; mais il n'a cessé d'être religieusement suivi par les descendants d'Abraham issus d'Ismaïl. Le nombre total des mois intercalés depuis le commencement des choses, aurait fait, à l'époque du pèlerinage d'adieu, un nombre entier de périodes de douze mois chacune, de sorte que le commencement de l'an 11 de l'hégire coïncidait avec celui de l'an juif, comme le démontre le calcul; l'année d'Isaak, Ismaïl et Abraham redevenait donc, à l'époque du pèlerinage d'adieu, telle qu'elle était primitivement, et comme si elle n'avait jamais été interrompue par aucune espèce d'intercalation apportée par les enfants d'Isaak. Cela étant, si l'on réfléchit attentivement, on verra que tel est le sens voulu par les mots : « Le » temps est redevenu tel qu'il était, etc..... »

Enfin, le premier point : « Quand la différence entre l'année solaire et » l'année lunaire s'accumulait, il l'additionnait pour en faire un mois com- » plet, » ne peut pas indiquer non plus, d'une manière positive, l'usage de l'embolisme parmi les Arabes païens; car, outre l'obscurité de l'origine de cette tradition, le nom de celui dont on parlait (Fokaïm) n'y étant pas mentionné, elle pourrait bien se rapporter à un Juif arabe, qui calculait et réglait pour les Juifs leur année luni-solaire.

On voit par ce rapide examen que nos premiers écrivains n'ont émis que des conjectures sur l'usage de l'année luni-solaire parmi les Arabes païens, et qu'il est excessivement difficile de donner son dernier mot, en se basant exclusivement sur les témoignages des historiens. Aussi ne suis-je arrivé, dans ce mémoire, à une solution définitive, qu'en me guidant par plusieurs phénomènes célestes et en me basant sur des calculs astronomiques.

Disons deux mots, en terminant, sur la semaine chez les Arabes.

Les Arabes païens se servaient anciennement des noms suivants pour indiquer les sept jours de la semaine, savoir :

Awal.	Dimanche.
Ahwan	Lundi.
Djabar	Mardi.
Dabar	Mercredi.
Mounis	Jeudi.
Aroubah.	Vendredi.
Chabar	Samedi.

Masoudi et Albirouny donnent, à l'appui de cela, la tradition suivante :

« J'espère vivre ; cependant, mon dernier jour sera, ou *awal,* ou *ahwan,* » ou *djabar;* enfin, si je ne meurs pas dans le fatal *dabar,* ce sera dans » *mounis, aroubah* ou *chabar.* »

Pour la division du jour en vingt-quatre heures, je remarque, avec M. Caussin de Perceval, que les Arabes du paganisme l'ignoraient complétement.

FIN.

Bruxelles, imprimerie de M. Hayez.